# 革命終焉

天龍源一郎
嶋田まき代
嶋田紋奈
共著

辰巳出版

# 俺が「廃業」を決意した理由——天龍源一郎

天龍源一郎は、２０１５年11月15日をもってプロレスラーを廃業することとなりました。思えば13歳のときに大相撲に入門してから52年、26歳でプロレスに転向してからは39年、ここまで紆余曲折ありましたが、振り返ってみると一気に駆け抜けたかのような腹いっぱいの格闘人生でした。

65歳でリングを降りることとなりましたが、何もなければ死ぬまでリングに立って闘い続けていたと思います。そんな俺に引退という決断をさせたのは、自らが腰部《ようぶ》・胸部《きょうぶ》脊柱管《せきちゅうかん》狭窄症《きょうさくしょう》で3度の手術を受けたこと、そして妻のまき代が大病を患ったことが大きな理由でした。

引退発表の会見で「これからは嶋田源一郎に戻って、女房孝行します」と宣言したのは、そのためです。これ以上、俺の腰が悪くなってしまい、何かあったときに女房を支えることができなくなってしまうのは嫌でした。彼女を支えてあげられるうちに辞めるべきだと感じたのです。

皆さまが応援してくれた武骨で不器用なプロレスラー・天龍源一郎を形作ってくれたのは、

実は妻のまき代です。彼女がいなければ、ファンの方々がイメージするような天龍源一郎であり続けることは不可能だったかもしれません。一見華やかな世界で、男の見栄を張り、いい格好をし続ける天龍源一郎の裏には、常にもがき、苦しみ、歯を食いしばりつつ耐えてくれた妻のサポートがありました。

そして、ここ数年は一人娘の紋奈が天龍プロジェクトの代表として、俺に闘うリングを提供してくれ、引退の花道……いや、立派な「死に場所」を作ってくれました。闘う男として、これに勝る幸せはないと感じております。

引退を決断するに至ったのは、自らの体調だけが理由ではなく、そんな彼女たちを「そろそろ自由にさせてやりたい」と感じたことも確かです。本書はリング上で闘い続けた天龍源一郎の話だけではありません。そんな俺を支えつつ、リング外で闘い続けてくれた妻と娘も含めた「一家の記録」です。スポットライトを浴びて闘う姿のみをファンの皆さまの瞼に焼き付け、そのままリングを降りて姿を消す、というのも理想ではありますが、一人のプロレスラーが存在する裏側に、これだけ神経を使い、サポートし続ける家族の存在があったことも揺るがない事実です。

葛藤、揉め事、複雑な人間関係、お金……決して綺麗ごとばかりでは済まない生々しい話も多々出てきますが、天龍源一郎の歴史の一端として清濁併せ飲みつつ楽しんでいただけたらと願います。

# 夫を「一番のプロレスラー」にするために――嶋田まき代

皆さま、はじめまして。天龍源一郎の妻、嶋田まき代です。

天龍が引退発表会見で述べました「これからは女房孝行します」という言葉に、一番驚かされたのは私でしょう。発言だけを聞いていると、とても愛妻家で、男らしく格好いい。世の奥さま方には、理想の亭主に見えるかもしれません
確かに彼の気持ちは嬉しかったです。しかし、「これからは嶋田源一郎に戻ります」と言っても、それは無理でしょう。今まで相撲とプロレス以外に何もやってこなかった「天龍源一郎」が「嶋田源一郎」に戻った後の姿を私はまったく想像できないのです。

本人の中でいろいろな葛藤があったとは思いますが、私としては自分の足で歩けるときにリングを降りてくれたことが嬉しいです。彼は60歳を過ぎて壮絶な手術とリハビリを耐え抜いた人間ですから大抵のことは乗り越えられると思うのですが、私も最近になって大きな病気をしたため、これから先はお互いに看病するような生活が待っているのかもしれません。

思えば、34年前に出会ってから波乱万丈を絵に描いたかのような夫婦生活でした。恋愛期間

がないまま結婚し、私はすぐに母となり、夫を「一番のプロレスラーにする」と誓って奮闘する日々を過ごしてきました。一般家庭で育った方々からすると、かなり特殊な夫婦関係、親子関係に映ることでしょう。しかし、本書に記されているのは、天龍源一郎とその家族のありのままの姿です。

夫は「天龍源一郎の嫁は、お前にしか絶対に務まらないよ」と、いつも言います。これは彼なりの褒め言葉なのでしょう。そういうときは、「私は誰の嫁になっても務まるわよ！」と言い返しております。とても思いやりはあるのだけれど、いかんせん不器用だから気持ちと行動が伴わないのが天龍源一郎という人間です。

結婚後には家計を預かり、天龍がＷＡＲという団体を率いてからは経理担当の裏方として支えてまいりました。本書には、プロレスファンの皆さまがあまり耳にすることはないであろう赤裸々な話も出てきます。家族の話だけではなく、プロレス団体を運営していく上での苦労話なども興味深く読んでいただけるのではないでしょうか。

「天龍源一郎は世界一のプロレスラーですが、世界一悪い夫であり、世界一悪い父親です」――。

本書を最後まで読んで下さった皆さまが、笑顔になりつつ私の意見に同意してくださることを祈っております。

# 娘から見た「天龍源一郎」と「嶋田まき代」――嶋田紋奈

天龍源一郎と嶋田まき代の娘、嶋田紋奈です。2010年に天龍プロジェクトを旗揚げしてすぐに大将こと天龍から急なムチャぶりをされて以来、団体の代表を務めております。

私はごく普通だと思っていましたが、周囲と比べてみますと、嶋田家はとても特殊な一家のようです。一人娘である私が父を「大将」、母を「マキちゃん」と呼んでいるのも普通の家庭では有り得ないことかもしれません。

プロレスファンの方々は意外に思われるかもしれませんが、嶋田家は母・まき代ありきで成り立っています。皆さまがイメージされる「男気あふれるプロレスラー・天龍源一郎」の骨格は、ほとんど嶋田まき代の成分と言っていいでしょう。娘の私から見ると、実は母が一番の男前。逆に父は非常に繊細な人間です。

そんな父が一人前のプロレスラー、トップ選手に昇りつめた影の立役者が母だと最近になって改めて感じることが多くなりました。父はもともと私利私欲の少ない性格であり、母と出会っていなければ「トップレスラーになってやろう」という欲すらも芽生えなかったでしょう。

父自身もそれは認めるところで、「嶋田まき代がいなかったら、天龍源一郎は存在しない」と常々言っております。これはある意味で、夫から妻に対する最高の褒め言葉ではないでしょうか。

父が「自分の死に場所」として天龍プロジェクトを立ち上げて以降、私は代表としてマネージメントをしながら二人三脚で歩んできました。幼少時は父が巡業に出ていることが多く一緒に過ごす時間は少なかったのですが、この5年間で心底理解しあえる関係になれたと思っております。

父と母は出会う以前、すでに普通ではない人生を歩んできたのは確かです。一言で説明すれば、「激動の中で擦れなかったのが嶋田まき代」、「激動の中で擦れちゃったのが天龍源一郎」というのが私の印象です。

そんな父を影で支え続けた母、そして微力ながら父をサポートしてきました私も含めて、本書は激動のプロレス界の渦中に身を置きつつ、正々堂々と歩んできた一家の歴史です。

父も母も私も包み隠さず語ったため、やや恥ずかしくもありますが、ここに嘘偽りは一切ございません。本書を読んで、天龍源一郎をもっと好きになっていただけたら幸いです。

# もくじ

装　丁　柿沼みさと
編　集　有限会社エヌエムオフィス
（山口雅史／高木圭介）
写　真　若林隆英（P218、227）、
山内 猛（P237）、原 悦生（表紙）
写真提供　天龍プロジェクト

# 革命終焉

# 第一章　すべては「最悪のお見合い」から始まった

天龍源一郎は1976年9月場所を最後に大相撲を廃業し、ジャイアント馬場率いる全日本プロレスに入団。昭和期の全日本は「入門」する新弟子とスカウトされて「入団」する選手は扱いが大きく異なり、総帥・馬場は天龍をテキサス州アマリロのドリー・ファンク・ジュニアに預け、エリートコースを歩ませた。

だが、思うような結果を出せなかった天龍はジレンマを抱えながら通算3度に及ぶ海外武者修行を経て、81年7月に帰国。同月30日、後楽園ホールでビル・ロビンソンと組み、馬場&ジャンボ鶴田のインターナショナル・タッグ王座に挑んだ一戦での弾けたファイトが高く評価されて、状況が一変する。当初はシリーズ終了後に再び渡米する予定だったが、日本に腰を落ち着けることになり、馬場、鶴田に次ぐ〝第三の男〟として全日本マットに欠かせない存在となった。

それからほどなく、31歳の天龍は運命の出会いを果たす。知人の紹介で、相撲界ともプロレス界とも無縁のうら若き女性と対面。当時、旧姓・武井まき代は京都で母が営むラウンジを切

**り盛りしていた。**

**まき代**　その男は24歳の私からすると、有り得ない格好で店に入ってきました。薄いベージュのウエスタンシャツにウエスタンブーツ、腰にはめている皮のベルトの後ろ側には、ご丁寧に「TENRYU」と焼印が押されていて……。あれは81年9月、街中ではやたらと寺尾聰さんの『ルビーの指環』が流れていた頃のことです。彼はもうダサイなんてものではなく、一昔前のテレビドラマに出てくるような「ディス・イズ・アメリカ帰り」という感じの格好でした。当日、私はプチお見合いのような形でプロレスラーの天龍源一郎と会う段取りになっていましたが、一目見て「これはないな……」と思いましたね(笑)。

**天龍**　当時は何度目かのアメリカ修行から帰国したばかりでしたから、こちらもバリバリの勝負服というか、アマリロで修行すると誰もが一度はかぶれるテキサススタイルで出かけて行きました。アマリロで修行した連中は、誰もがテリー・ファンクかドリー・ファンク・ジュニアになろうとするんです。でも、不思議なことにディック・マードックになろうとは思わない(笑)。

あのゴツイ金属製のバックルがついたベルトは、アマリロで作ったんです。当時、向こうでは皮のベルトに自分の名前を入れたりするのが流行っていましたから、俺のもバッチリと「TENRYU」と焼印がしてある。結婚したばかりの頃は、ウエスタンブーツも6~7足は持っていました。あの馬場さんでさえ、ファンクスからもらったウエスタンブーツを持っていましたからね。馬場さんはそれを履こうと思っていたのか、風呂桶用に使おうと思っていたのかは知らないですけど（笑）。それとも奥さんの元子さんが花でも生けようと思ったのかな（笑）。

あのジャンボ鶴田選手にしても、アマリロに行ったときはテキサスルックでしたからね。でも、まき代と鶴田選手の奥さんの保子さんが初めて会った際に服の話になって、我々レスラーがハマっていたウエスタンルックがクソミソに非難されたんですよ。彼女たちは、結婚してすぐに亭主のそういう服を捨てたということだけは意見が一致して（笑）。いつの世も、男と女の間には深くて暗い川があるものですよ。

**まき代**　当時の私はプロレスや大相撲に関する知識はゼロというよりも、マイナス100でした。プロレス中継はまともに観たこともなかったですし、相撲時代も含めて「天龍源一郎」という存在はまったく知らない。だから、周囲から「前はお相撲をやっていて、今はジャイアント馬場さんの全日本プロレスという会社にいて……」と説明されてもチンプンカンプンなわけです。父や3歳下の弟（武井正智＝後のＷＡＲ社長）は知っていましたが、母と私は「？」という感じですよ。

でも、天龍とプチお見合いをする1～2週間前に、偶然テレビで夕方にやっていた『全日本プロレス中継』を観たんです。普段はお店があるので家にはいない時間帯なんですが、たまたま家にいて、父に「これだよ、今度まき代とお見合いする奴」と言われたことを憶えていますから。その頃の天龍は、まだ青い色のタイツをはいて試合をしていましたね。

**天龍**　一番最初にまき代に会ったのは、馬場典子さんという方の紹介でした。たしか当日に京都か大阪で興行があって、試合後にまき代のお母さんがやっている店に行ったんですよ。第一印象は……「生意気だな」と思いましたね（笑）。どこか構えている感じだったんです。彼女は小さな頃から男ばかりの環境で育っているから、そういう「身構える」というのが自然と身についている印象を受けました。

店に入って紹介されても、彼女の反応は「あっ、そう」という感じでしたね。それでも全然傷つきませんでしたよ。昔から全日本プロレスは、関西方面は弱かったですからね。俺自身もその頃はそんなに……プロレスに誇りを持って頑張っているほうじゃなかったですし、「どうでもいいや」みたいな気持ちでプロレスをやっているところもあって。アメリカから帰ってきても泣かず飛ばずで、どう頑張ったらいいかもよく分からない暗中模索していた時期でした。

それでもビル・ロビンソンとタッグを組んで、馬場さんと鶴田選手のインター・タッグ王座に挑戦した試合が評判良くて、ようやく俺のプロレス人生にも光というか目指すべき指針みたいなものが見え始めていた頃でした。

だから、彼女の無反応ぶりにも「まあ、そんなものだろうな」と自分なりに納得していましたし、彼女は関西の人間だから、「やっぱり新日本プロレスのアントニオ猪木は知っていて、全日本ならジャイアント馬場やジャンボ鶴田は知っているのかな？」という程度に考えていましたね。とにかくプロレスにはまるで興味のない様子でした。後で聞いたところによると、当時、彼女のお父さんが面倒をみていた親戚の演歌歌手の方が相撲を好きだったようで、「天龍さんって結構、有名な方なんだよ」とフォローしてくれていたみたいですけどね。

**まき代**　両親も私も生まれは福岡県です。弟だけが一家が京都に移ってから生まれました。

当時、父は京都市内で土建業を営んでおり、子供の頃から周囲は出入りの業者さんも含めて男だらけという環境で育ちました。私は父の跡を継ごうと思って京都の明徳商業高校（現・京都明徳高校）に入ったんですが、卒業後に母が経営していたラウンジで働くようになったんです。私と母だけでなく、実は一家全員が下戸なんですけどね。

当時、父親の姉の息子、つまり私の従兄弟にあたる10歳ほど年上の男性が「梶哲也」という芸名で演歌歌手をやっていました。彼はテイチクレコードからデビューしたものの、サッパリ売れなくて事務所も辞めてしまい、父が私財を投げ打つような形で引き取って応援していたんです。東京のホテルニューオータニでショーをやったりしても費用はすべて父が出していたので、要は見得を張っているようなものでした。

その梶哲也を応援していた馬場典子さんという方が東京にいらして、京都に来られたときはよく母の店に出入りしていたんです。その際に母が「こんなジャジャ馬もそろそろお嫁に行かせたいから、いい人がいたら紹介して」とお願いしたようですね。馬場典子さんのご友人が天龍と知り合いだったことで、プチお見合いがセッティングされたわけですが、結局のところ周囲が勝手に盛り上がって、当事者の2人はよく分からないまま段取りされてしまったんです。でも、私はハナから結婚する気はなく、「お店まで来てくれるんなら、いいんじゃないの?」という程度にしか考えていませんでした。

そして、店に現れたのが時代遅れのウエスタンルックの大男でした。

「あんたが天龍っていうの?　やっぱ身体デカいね」

私が開口一番そう言うと、母から「天龍さんと言いなさい!」と怒られたのを憶えています。その夜、天龍は2時間ぐらいお店にいましたが、私の中では「首が太いね」みたいな話をした記憶しかありません(笑)。相変わらず私は「天龍」と呼び捨てにする一方、母は気を遣って「お仕事は大変ですか?」などと一生懸命に質問していました。その頃の天龍はまだ声も潰れていませんでしたし、飲んだらすぐに顔が真っ赤になっていたので、「プロレスラーとはいっても、そんなにお酒は強くないんだな」という印象を受けました。

周囲はお見合いのつもりでも、その時点でお互いに結婚する気はなかったんじゃないでしょうか。私は「今日で会うのは最後」と思っていて、実際にその後は2ヶ月間、音信不通でしたからね。

**天龍**　その日は、茄子やキュウリといった野菜のぬか漬けだけの寿司を出されたんですよね。実は特上寿司よりも高級な京都名物の「漬物寿司」で、彼女たちはそれをわざわざ取ってくれたんです。

それを食べた俺は「プロレスラーがこんな野菜ばかりのものを食って、身体にいいわけないでしょ？」とか、ひとしきり文句を言っていたらしいですよ(笑)。まき代は「1万ウン千円もするのに、食うだけ食って文句を言って帰りやがって！」と思ったみたいですね。だから、彼女の俺に対する第一印象は「〝こんなもの食えるか〟と文句を言って、酒だけ飲んで帰った奴」というものらしいです。本当に最悪の出会いですよね(笑)。

## プチお見合いから2ヶ月後、『ちゃんこ天龍』で再会

**まき代** その初対面から音信不通になっても、別に寂しいという気持ちはまったくありませんでした。私は結婚願望も天龍源一郎と付き合う気もサラサラないわけですから。紹介してくれた方の顔を立てて、数あるお見合いのミッションの一つをこなしたに過ぎない。後で聞いたら、初めて会う前に私のお見合い写真らしきものがすでに天龍サイドに渡っていたそうです。

そもそも私は筋肉モリモリの男性はタイプではないので、天龍は見た目も体つきもまったく好みではないんですよ(笑)。天龍はお相撲さんだった頃に「美男力士」と言われていたそうですが、私に言わせれば「薄い顔」なんです。武井家は九州の出なので、「濃い顔」こそがスタンダード。男も女も全員が二重瞼の一家ですからね。そんな環境で育ったので、初めて天龍の顔を見た第一印象は「薄いな……」なんですよ。だから、印象が良いも悪いもないんです。

でも、「仲人の口一つ」とはよく言ったもので、私たちの間に入ってくれた馬場典子さんが、

やたらと「天龍さんがまき代ちゃんを気に入っちゃって」というようなことを言ってくるんです。一方で天龍には「まき代ちゃんがいいと言ってるよ」、「東京と京都で離れているけど、またどこかでデートすれば？」と焚き付けていたようですね。ただ、私のことを気に入ったと言っているわりには、一応お互いの連絡先は教え合っていたはずなのに、天龍から電話一本あるわけでもない。

天龍と再会したのは81年11月、その馬場典子さんが東京の千歳烏山に『ちゃんこ天龍』というお店をオープンさせたときでした。それに合わせて周囲でまた密談でもあったのか、母から「お店のオープンで色々と大変だから、東京へ行って手伝ってきなさい」と命令されたんです。新幹線に乗って東京駅に着くと馬場典子さんのご友人が車で迎えに来ていて、そのまま私はホテルニューオータニにチェックインしてから、ちゃんこ屋さんで天龍と2ヶ月ぶりに顔を合わせました。でも、「ああ、オープンに来てくれたんだ？」ぐらいの会話しかなかったので、私のことを気に入っていたとは到底思えません（笑）。

その日、ちゃんこ屋さんの奥座敷には天龍のほかに大熊元司さん、佐藤昭雄さん、冬木弘道選手、ターザン後藤選手……全日本プロレスの方々が顔を揃えていた記憶があります。

私はしばらくお店を手伝っていて、再びその奥座敷をのぞいたら、天龍はすでにお酒を飲みすぎたのかブッ倒れていました。たぶん皆さんに「あの娘とお見合いしたんでしょ？」とからかわれて、照れ隠しに飲みまくったんだと思います。

私は帰り際、一応酔い潰れている天龍に声をかけたんですが、何も分かっていない様子でしたね。もうグーグー寝ていました。

**天龍**　そのちゃんこ屋には俺が名義を貸す形になっていましたから、店内に飾るために大相撲時代の化粧回しなども提供しました。その馬場典子さんという方は、まき代の従兄弟である歌手の梶哲也さんを応援してくれたり、同時に俺のことも大切にしてくれていたんだと思います。その気持ちが強いのか、まき代のことはかなり焚き付けてくれました。うまくバランスを取って双方に「気に入ったと言っている」とか、いい話ばかり持ってきて…まあ、悪い焚き付けばかりするプロレス界の連中と違って、これはいい焚き付けなんでしょうけどね（笑）。

ちゃんこ屋のオープンの日に、まき代も京都から手伝いに来ていましたけど、それをヨソに俺たちレスラーは奥座敷で飲んだくれているという図式でした。飲むだけ飲んで、食うだけ食ってという感じで、そのうちに後藤がちゃんこ用の鍋にゲロを吐きやがって（笑）。もうメチャクチャでしたね。そんな光景を見つつ、まき代は呆れてホテルに帰ったんだと俺は思っていました。

**まき代**　翌朝、目が覚めて帰り支度をしていると、ホテルのロビーに二日酔いの顔で天龍が迎えに来ていました。たぶん周囲に「見送りぐらいしろよ」と言われて、来たんでしょうね。私は東京駅まで送ってもらい、新幹線のホームまで荷物も持ってくれたような気がします。

でも、私は別れを惜しむわけでもなく、窓から手を振るわけでもなく、荷物を手にスタスタと自分の席まで行って愛想もなく座っていたそうです。それを見て天龍は「なんて冷たい女だ！」と憤慨したようですが、そのときもそういう醒めた感じで終わりました（笑）。

## 嶋田まき代、25歳ではじめてプロレスを生観戦

**まき代**　3度目に会ったのは、年が明けて82年2月1日のことです。京都の下鴨神社のそばにあった体育館で全日本プロレスの大会があったんですよ。普段は夕方からお店に出るので試合を観に行くことはできないんですが、たまたまその日は休業日だったんです。

その気はなかったにせよ、私はお見合いをしてしまった手前、「行かないわけにもいかないな」という気持ちでした。もちろん、生でプロレスを観戦するのは初めてです。その日、母と私はお店の子たちを連れて会場に向かいました。

当日は雨で、前の座席の客が興奮して席を立ったりすると、いつも着物を着ていた母は「見えない！」と持っていた蛇の目（傘）で突いたりしていました。そのとき、母に突かれていた人がなんとデサントの大谷典久さん（故人）。後にレボリューション・ジャケットの製作者、WARの命名者として、天龍の恩人となる方です。今になって思えば、私たちが座っていたのは天龍が手配した席なので、彼と関係のある人間が密集しているのは当然なんですけどね。

その当時、大谷さんも天龍に対して「源ちゃん、そろそろ身を固めたほうがいいよ」とアドバイスしていたようです。後で聞いたところによると、その日も試合前に控室で「アメリカに

行って一旗揚げようとか考えないで、多少は邪険にされたって日本に腰を落ち着けて頑張ればいいじゃない?」といった話をしていたそうですね。その天龍が身を固めるべくお見合いをした相手が、自分の背中を蛇の目で突いてきた女性の娘だとも知らずに(笑)。

初めて生観戦したプロレスの印象は、ただただ「怖い」の一言でした。私は暴力的なことが好きではないんです。なにしろ父が絵に描いたような「寺内貫太郎」的な人で、私の母は父の暴力が原因で十何針も縫う大ケガを負ったり、救急車で運ばれたことも憶えているだけで9回はあるんです。

小さい頃からそういう環境で育っているので、何も腹が立つこともないのに殴り合っているプロレスという世界に対しては違和感しかありませんでした。別にプロレスが悪いわけではないですし、そういうものだとは理解していますが、どうしても幼少時から目にしていた父の暴力と結びついてしまう。今で言う虐待のようなものですよね。だから、その日に天龍が誰と戦って、勝ったのか負けたのかもまったく憶えていません。

**天龍** まき代とお母さんが初めてプロレスを観に来た京都大会のことは、よく憶えていますよ。会場は日本正武館(現・賀茂御祖神社研修道場)でした。そこの館長の鈴木正文さんは新日本プロレスの異種格闘技戦でレフェリーをされていましたけど、その頃は全日本の興行も買っていたんですよ。

馬場典子さんから「まき代ちゃんたちが観に来ると言ってるわよ」と聞いて、試合前からテンションが上がったことも憶えていますね。それまでも女の子から「あの試合、観に行ってたよ」と後から言われたことはありましたが、事前に予告されたのは初めてでしたから。「ああ、あの生意気なお姉ちゃんが観に来るのかよ」と張り切ったのは確かです。リング上から彼女を探すようなことはしませんでしたけどね。

ただ、不審な点もあって、馬場典子さんから俺のことを気に入っていると聞くんだけれど、まき代本人から電話がかかってくるわけでもないし、俺の記憶ではそもそも電話番号を交換したかどうかも怪しいんです。だから、自分でも彼女とどういう関係なのか不思議な感じでしたよね。

**まき代**　その日の夜は、私が全日本プロレスの選手が宿泊しているホテルへ天龍を迎えに行って、食事に連れ出すという段取りになっていました。憶えているのは、人気商売であるプロレスラーの皆さんが京都に長年住んでいる私ですら名前も存在も知らない安そうなホテルに泊まっていたことです。

例によって周囲は勝手に盛り上がっていて、このときは馬場典子さんに「天龍さんは新春シリーズのバトルロイヤルで優勝して賞金を100万円もらったから、まき代ちゃんにプレゼントを買いたいと言っているけど、何がいい?」と言われました。

その日はお店が休みで、私は特に彼氏がいるわけでもないから断る理由も見当たらないな、というぐらいのテンションです。しかも母に「お食事は○○に行きなさい」、「その後は、お友達がやっている△△という店に行きなさい」と、すべての段取りを決められていました。私は特に意志も意欲もないものですから、言われるがまま母が決めたコースをなぞるように天龍とそこへ行ったんです。

最初はふぐを食べに行ったんですが、後で聞いた話によると、天龍はハガミ（借金）をして出てきたらしいですね。今もそうですが、やはり「自分が払わなきゃ」という意識だったんでしょう。私たちが「田中のおっちゃん」と呼んでいる全日本プロレスのパンフレット制作や販売を手がけていた田中印刷の田中護社長から数万円を借りてきたそうです。当然、私は自分で食べた分は自分で払うつもりで、お金を用意していきました。そういった部分では似た者同士なんです。そして、周囲の大人たちに仕組まれた初の2人きりデートが始まりました。

**天龍**　試合の後にまき代とふぐを食べに行くことになったんですけど、その場で思い切って、それまでモヤモヤしていた不審点を問い正してみることにしたんです。単刀直入に「間に入ってくれている馬場典子さんがこう言っていたんだけど、実際はどうなの？」と聞いたんですよ。でも、まき代はまき代で同じようなことを聞き返してくるんです。

俺が「そんなこと、一言も言ってないよ！」と言えば、まき代も「私も言ってない！」と言うし、そのときに「ああ、仲人口ってこういう風にして、お互いの気持ちを盛り上げるんだな」と学びましたよ。まあ、プロレス界では悪い意味でよくある話なんですけどね（笑）。

お互いにいろいろなことを知らないままだったから、「結局、恥をかくのは我々じゃないの？」と、そこでまき代との間に連帯感みたいなものが生まれてしまったんです。「気に入っているとか言っているわりには、いざ会ってみると全然テンションが盛り上がってないし、おかしいと思っていたんだよ」、「私もおかしいなと思っていた」と妙にウマが合ったというか意気投合して、もう周囲の大人たちに仕組まれた関係をご破算にしようということで意見が一致しました。

そこでなぜかは自分でも分からないんですけど、「じゃあ、関係を一旦リセットして、ここから結婚を前提に俺と付き合ってくれますか？」と言ったんです。どうしてそんな言葉が口からスッと出てきたのかは、今でもよく分からない。本当に運命のイタズラとしか思えないタイミングでした。「この女性と結婚したい」、「彼女と家庭を持ちたい」と思ってしまったんですよ。

**まき代**　その2月1日の夜のことは忘れもしません。私はよく分からない状況にイラ立っていました。だから、ふぐ屋さんに着いて開口一番、すぐに言いましたよ。「先日、馬場典子さんから『バトルロイヤルの賞金で何が欲しい？』と聞かれましたが、私は何もいりませんから！」と（笑）。天龍は呆気に取られた顔をしていましたね。寝耳に水以外の何物でもないわけですから。

私はそのときに「お嫁さんに迎えたいと言っていただいている」という話も聞いています。今日で直接お会いするのは3回目ですけれど、電話の一本いただけるわけでもないですし、どうも言っている内容とご本人の言動が結びつかないんです。電話では失礼なので、この場で結婚云々の話はなかったことにしてください。よろしくお願いします！」とハッキリ言いました。だって、こんな関係をズルズルと引きずっていても仕方がない。住んでいる場所も遠いし、たまたまこの時期にほかの見合い話が来なかったので、なんとなく続いていたようなものですからね。

でも、私の話を聞いて天龍は何もかも諦めて帰るのかと思ったら、「分かりました。一旦リセットしましょう。誰も間に入れないで、ここからお付き合いを始めませんか？」と言ってきたので、まさかの展開でした。

しかも、「今はシリーズ中なので、終わったら京都に来ます。まだお父さまとお会いしたことがないので、結婚を前提にという話をさせていただいてもいいかな？」と言い出して。私は常々「父も母も弟も全員がOKした人でなければ結婚はしない」と宣言していましたので、そんな話が天龍の頭の片隅にあって父に挨拶したいという発想に至ったんでしょう。もしかしたら、興味がなかったのは私だけで、向こうは最初からその気だったのかもしれません（笑）。

**天龍**　俺とまき代は恋愛期間があったわけではなく、たった3度の対面のみで結婚を前提とした交際をスタートさせたことになりますね。そのとき、彼女は「私たちはまだお互いのことを何も知らないし、恋愛とかもしていないし……」と戸惑いつつ、かなり躊躇していたんですが、俺は「結婚してから恋愛すればいいじゃない？」とキザなセリフを吐きました。格好いいね～、31～32歳の天龍源一郎は（笑）。俺の誕生日は2月2日だから、ちょうど31歳から32歳になろうかという夜のことですよ。だから、「そろそろ、ちゃんとしたい」と思う年齢になっていたことも大きかったと思いますね。

## 天龍がまき代の父に挨拶をした日

**まき代**　「リセット事件」以降は毎日、天龍から電話が来るようになりました。ファンの方は知らないかもしれませんが、天龍源一郎は電話魔なんです。

付き合うことになった直後、電話が来て「今度、東京体育館（2月4日）でミル・マスカラスという選手と試合をするんですけど、その日からボクの入場テーマ曲が流れることになったんでテレビ中継で観てね」と言われました。試合の後にさっそく電話がかかってきて感想を聞かれたので、「カッコ良かった！　凄くいい唄だね」と大絶賛してあげたら、私がいい唄だと感じたのはマスカラスの入場テーマ曲『スカイ・ハイ』のほうでした。そもそも『サンダーストーム』には、歌詞はありませんからね（笑）。

天龍と毎晩電話で話していて気がついたのが言葉の違いです。関西弁はやさしいけれど、キツイですよね。特に京都はそうなんです。天龍は今もそうですが、大きな声を上げたり、怒鳴るのが根本的に嫌いなんですよ。もっとも今は何を言っているのか分からないというキャラクターになっていますが（笑）。だから、怒鳴らず関西弁でもない天龍の口調が凄くやさしく聞こえて。私には女の人が話しているように聞こえたほどです。

天龍は福井生まれの福井育ちですが、13歳から東京で暮らしているので、私に言わせれば東京弁なんです。綺麗で上品な東京弁なのかどうかは私には分かりませんが、非常にやさしく相手をしてくれているという印象を持ったんですよ。

マスカラス戦の直後、天龍は父に挨拶をするため本当に京都にやってきました。ただ、ウチの父は風貌がヤ○ザに近いと言いますか……当時の土建屋ですからね。

**天龍**　まき代のお母さんにはお店で会っているし、お酒を飲んでいるところも見せていましたけど、いろんな人から「お父さんは気難しい」という話は聞いていました。それでも結婚するんだからと意を決して、ホテルでセッティングしてもらって挨拶することにしたんです。

そのときも馬場典子さんと一緒に行ったんですが、「天龍さん、あそこにいる人がそうよ」と指さされた人を見て、「えっ!? ヤ○ザじゃない？」と思いましたね（苦笑）。「いやあ、まいったな……」と腰が引けてしまったのを憶えています。

実はまき代が独身のままお店を継いで、家族のために頑張ると宣言した矢先の結婚話で、彼女も前言撤回という形になってしまったし、家族に対して説明が大変だったみたいですね。

**まき代**　娘の私が言うのも何ですが、父の見た目は怖いです。天龍も父の姿を一目見た瞬間に、「このまま帰りたい……」と思ったそうですよ（笑）。やっぱり緊張したんでしょうね。それと父と会う前後の期間に、いろんな女と手を切ったらしいです（笑）。

幸いなことに父の天龍に対する印象はとても良かったようで、「あの寡黙さがいい」と言っていました。無駄口が良しとされない相撲時代の名残が強かったのか、それともアメリカにいた期間が長かったせいで日本語に慣れていなかった時期なのか、彼の寡黙さが父に好印象を与えたようです。

父は当初、結婚するかどうかは別にして、付き合うことには賛成していました。内心では、「このチャンスを逃したら、娘は一生結婚できない」と焦っていたのかもしれません。だから、私も天龍もお互いにいろいろなタイミングがうまく重なったということなんでしょう。

その後、天龍からは電話だけでなく、ごくたまに手紙も来るようになりました。巡業先の北海道からホテルの便箋に、「昔は北海道が好きだったけど、今は京都が一番」と書いてきたのを憶えています。あれはもしかするとラブレターだったんでしょうか？　たぶん、もう捨てちゃいましたが（笑）。

父に挨拶した直後に天龍はアメリカへ短期で遠征に行ったんですが、向こうからも毎日電話がかかってきました。国際電話の料金が1分＝1000円の頃で、天龍は「そんな時代でも俺はちゃんと電話していた」と今でもブツブツ文句を言っております。内容は、しょうもない話なんですけどね（笑）。また悪いことに国際電話をかけてくるのが、ちょうどお店の忙しい時間帯だったりするので、母が「まだしゃべってんの？」と呆れていました。携帯電話などない時代ですから、天龍によってお店の電話が完全にふさがってしまうので営業妨害なんです（笑）。

当時、私から電話をすることはなかったですね。これは愛情や熱意の問題ではなく、プロレスラーという職業は一体どの時間帯がヒマなのか、生活のリズムやパターンはどうなっているのか、一般人にはサッパリ分からない。これはプロレスラーと交際した女性の誰もが直面する問題じゃないでしょうか。

向こうは東京、私は京都という遠距離恋愛ですから、毎日の電話でお互いの理解を深めるしかないわけですが、結果的にそれが良かったんだと思います。というのも、直接会ってデートしていると、天龍は本当に何も話さない人なんですよ。単刀直入に言うと、つまらない。そこは本人も「俺はつまらない男だよ」と認めていました(笑)。逆に電話だと無言という状態がなく、ずっとしゃべり続けてくれる。その電話口の天龍源一郎が好印象でした。やさしい東京弁、やさしいトーンの標準語の魅力ですね。

天龍本人は今も「俺は国際電話でお前にプロポーズした」と言い張るんですが、私は一体いつ言われたのか分かりません。リセット事件から婚約発表会見まで、2ヶ月しかないスピード婚でしたからね。

**天龍**　京都のお店でまき代を初めてパッと見たときは、確かに「いい女だな」と思いましたよ(笑)。そして、付き合って話をしているうちに、俺にはないものを持っているなと。「俺とまき代を足せば、夫婦で『10』になれる」と思ったんです。もちろん結婚してから、「ああ、別のお姉ちゃんと結婚していれば……」と思ったことがないとは言いませんけどね。

結婚って本当にタイミングなんでしょう。まき代と出会う前は、肝心のプロレスでもどこかで「またダメだったら、アメリカに行けばいいや」という気持ちで日本にいた部分がありました。でも、ビル・ロビンソンとタッグを組んだ試合が評判良くて、プロレスが楽しく感じ始めて、「もしかしたら日本で食べて行けるかもしれない」という確信みたいなものを抱き始めた時期のツアーで出会ったのがまき代でした。だから、自分の中で急激に結婚を意識し始めたということだったんでしょう。

交際を始めた頃は巡業ばかりだったので、俺が京都に行くだけでなく、例えば広島で試合があるときに彼女が来てくれてデートをすることもありました。ただ、彼女をレスラー仲間に紹介して、印象を聞くようなことはなかったですね。もう誰に何を言われようが結婚する気でいましたから。

その直前あたりまで、いろいろなお姉ちゃんたちと付き合っていたというのが正直なところですよ。まき代と付き合う以前は、プリンス・トンガ（キング・ハク）に「あのお姉ちゃんと結婚しようと思うんだよ」と相談したこともありました。すると、「天龍さん、あの娘とは合わないから、止めておいたほうがいいよ」なんて意見される。トンガにそんなことを言われたくもないんですけど、「ああ、そうなの」とつい納得させられてしまって、さらに「ダメよ。あの娘は！」とダメ押ししてくるんですよ（笑）。まき代については聞きませんでしたが、それまで俺は彼に恋愛関係の相談することが多かったんです。どうしてその相手がトンガなのか自分でも分からないんですけどね（笑）。

当時は師匠の馬場さんも元子さんとの結婚を公にしていなかったし、鶴田選手もまだ独身でした。グレート小鹿さん、大熊元司さん、ザ・グレート・カブキさん、ロッキー羽田選手といった少し上の年代の先輩は結婚している人が多かったものの、俺たちの年代から下、トンガ、渕正信、大仁田厚なんかまで含めて、みんな遊びたい盛りという感じでしたね。

そんな俺たちの年代で、いち早く結婚したのが石川敬士（現・孝志）でした。いつも眉間にシワを寄せて辛気臭い顔をしているくせに派手な技を使いたがる石川が結婚したということで、「ああ、我々も家庭を持つ年齢になってきたんだ」と、鶴田選手や俺が結婚を意識し始めたのは確かです。

**まき代**　結婚を前提にお付き合いを始めたわけですが、天龍が会社側に私との交際を報告したことで一気に話が動き始めてしまったんです。

そこで婚約発表をする前に、京都から日帰りで福井の天龍の実家まで挨拶に行きました。結婚後は可愛がってもらいましたが、私を初めて見た実家の方々は「即、ＯＫ！」という感じではなかったような気がします。私は人様に胸を張れない商売をしていたわけではないものの、やはりイメージは「水商売」ですし、向こうは公務員なわけですからね。天龍のお父さんはもともと専売公社（現ＪＴ）にいて、弟さんは農協に勤務と堅い職業を好む家柄なんです。

ご両親は後になって、「息子は何年もアメリカに行っていたから、青い目の花嫁さんを連れてきても仕方ないと思っていた」と言っていましたね。

**天龍**　おそらく俺が全日本の渉外部長だった米沢良蔵さんに結婚すると伝えて、そこから馬場さんにも話が行ったと思います。俺としてはすでに知っているものだと思っていたので、改めて報告というのはしませんでした。だから、馬場さんとは「おい天龍、結婚するんだってな?」、「はい」、「そうか、良かったな」というだけでしたね。いかにも全日本プロレスという感じの流れで終わりましたよ（笑）。

今の若い人たちは理解できないかもしれないけど、相撲時代には「美男力士」なんて言われていました。まあ、あの時代の相撲界は周りがヒドすぎたからでしょう（笑）。でも、実際にモテていたのは事実です。先代の貴ノ花や増位山ほどではないですが、あの系統だったことは確かですね。よく相撲の世界では「新幹線の全駅に彼女がいる」という言い方をしますが、俺は「各駅停車の『こだま』が停まる駅にいる」なんて見栄を張っていたものでした。断じて急行の『ひかり』ではない。まだ『のぞみ』なんてなかった時代のことです。

女性との関係も、まき代と出会う前に俺さえ「うん」と言えば、まとまる話もありました。ただ、どこか踏み出せない自分がいたんです。これぱかりは本当に不思議な縁だなと思いますよ。

俺が75年の名古屋場所で十両優勝して、次の場所からは幕内に入るという時期のことでした。当時、10歳ほど年上の女性と交際していたんですが、地方巡業で留守している間に急死してしまったんです。

名古屋場所が終って次の場所が始まるまでの間に彼女が入院したとは聞いていたものの、「大丈夫だろう」とタカをくくって遊び歩いていました。見舞いに行こうかと思っても、あちこちのお座敷から声がかかるという形で病院に行くヒマがないまま、地方巡業に出ることになってしまったんです。そのまま気軽に考えていたところに、地方でまさかの訃報が入ってきて……。立ち直れなかったですね。「人間って本当に呆気なく逝っちゃうんだな」と思う半面、生きている人を見ると「人間って凄いな」と思い知らされたりもしました。

すぐに亡くなった彼女のもとに駆けつけたい。それは人間として当然です。けれども、もう巡業の日程は切られてしまっているから無理なんです。個人行動は一切許されない。肉親や家族だったらまだしも、交際中の彼女が亡くなったという理由で抜けるなんて、とんでもない話だと。巡業中、ちゃんこを食べていて、ご飯がジャリジャリッと砂のように感じました。そのとき、「砂を噛むようにという表現とは、このことを言っていたんだな」と実感しましたね。

その後、相撲からプロレスに転向した時期を支えてくれた彼女もいたんですが、俺が日本とアメリカを何度も行き来しつつ、あまりに波乱万丈な人生を送っているうちに「付いていけない」と去って行きました。

そういう過去のいろいろな経緯があった上で出会ったのが、まき代だったんです。

## 「婚約発表会見」と「結婚披露宴」の思い出

**まき代**　天龍が口にした「結婚してから恋愛すればいい」という名言風の言葉とともに交際がスタートしましたが、実際に結婚式が終わるまでは慌ただしくて恋愛期間がなかったというか、並んで歩いた記憶もあまりないんです。

天龍と手を繋ぐようなこともなかった気がしますが、82年4月26日に東京プリンスホテルで開いた婚約会見で初めてお会いしたジャイアント馬場さんと握手をしたことだけは鮮明に憶えています。誰でもそう感じてしまうのでしょうが、やはり馬場さんの手が想像以上に大きくて、仰天しそうになりました。

そのとき、元子さんから「結婚するから、源一郎君のファイトマネーを（1試合あたり）〇〇〇円上げたからね」と告げられたことも憶えています。私はそれが高いのか安いのかもよく分からないまま、「ありがとうございます」と頭を下げました。後で当時の天龍のファイトマネーを聞いたときには、商業高校を出た私としてはシリーズの試合数を脳内で瞬時に計算して、いただける額を弾き出したものです。

1982年4月26日に東京プリンスホテルで婚約を発表した天龍源一郎と武井まき代（旧姓）。

そんな婚約会見の前後に、私

の父が「やっぱり嫁に出したくない」と言い出しました。一人娘を遠くに出したくないという気持ちになったのでしょう。婚約、結納という段階になって、母に「お前が断ってこい！」などと言い出して……。当然、母は「あんたがいいと言ったから、こうなったんでしょう！」と怒っていました。最終的に「それなら、あんたが全日本プロレスに断ってきなさい！」と母が突っぱねて話はうやむやになりましたが、その後も父はかなりゴネていたようです。

その頃、譲歩案として「結婚後は夫婦で京都に住んで欲しい」という意見も出ました。プロレスラーは基本的に巡業に出ている生活ですから、どこに住んでいても問題ないという考えもあったようです。一旦は天龍も京都在住案を了承したんですが、ちょうど全日本プロレスが天龍を売り出した時期と重なったこともあり、取材やテレビ出演など東京にいる理由も増え、また練習場所の問題もあるので、この話もうやむやのまま終わりました。

**天龍**　婚約会見ではカメラマンに要請されるまま、何の躊躇もなく、まき代をお姫様だっこしたり、キスもしました。後から聞いた話によると、プロレスラーのこういう会見でキスを公開したのは俺が初めてだったみたいですね(笑)。あのアントニオ猪木さんと倍賞美津子さんも、お姫様だっこの写真止まりだったと聞きましたよ。

**まき代**　そして、9月26日に結婚式、結婚披露宴を迎えるわけですが、そこに至るまで天龍は打ち合わせに何回も付き合ってくれました。衣装やら何やらで式を控えたカップルが喧嘩になる時期ですが、あの天龍源一郎が文句一つ言わずにあの場に座っていたのは今考えると不思議です（笑）。

東京プリンスホテルでの結婚披露宴には500名ぐらい招待しました。そのうち400名近くは私の知らない方でしたね。夫婦それぞれが京都と福井から呼んだ方は合わせて120名。それ以外は、全日本プロレスのほうで招待状を送ったんだと思います。

1982年9月26日に東京プリンスホテルで挙式。当時、天龍は32歳、まき代は25歳だった。

披露宴は立食形式でしたが、入場して2人で頭を下げて、顔を上げた瞬間、私は「あっ、お料理が足りない！」と思ったんです。お店をやっていましたから、そういうことだけは勘と頭が働くんですね（笑）。だから、高砂の上でこっそり横にいる天龍に「お料理の追加、頼んじゃダメかな？　200人前ぐらい」と提案して、横にいたホテルの女性スタッフの方に「すみません。大至急お料理を200人前

結婚披露宴には、ジャイアント馬場を筆頭に全日本プロレスの選手・関係者がお祝いに駆け付けた。

追加してください」と注文しました。

立食パーティーの場合、招待された方が何人か同行してくることもあるわけです。そのためイマイチ人数が読めていない部分もあったんでしょう。いくら高級ホテルとはいっても200人前の食材をすぐに用意するのは大変ですから、無事に追加の料理が出てきたのは、ほぼ式も終わりかけの頃でした。少々無謀なことをしてしまいましたが、私は「結婚式に行ったけど、何も食うものがなかったよ」と言われるより、帰るときに料理が大量に残っていたとしても「ああ、こんなにたくさん用意してくれていたんだな」と思ってもらえれば良いという考えなんです。

そんなドタバタもありましたが、結婚式での天龍はどこか嬉しそうでしたし、結婚レスラー仲間から冷やかされたり茶化されたりして、とても照れ臭そうにしていましたね。

**天龍**　その料理の追加の件で、まき代と壇上でヒソヒソ話をしたことは憶えていますよ。俺がそれ以上に焦ったのは、グレート小鹿さんが「天龍を胴上げしよう！」と言い出したことです。あまりに勢いよく胴上げされたおかげで、天井のシャンデリアに激突しそうになって……昔から小鹿さんはロクなことを提案しませんね（笑）。

大仁田厚に至ってはお祝いに唄を歌うと言い出して、本人だけが気持ち良さそうな表情で「♪雪は降る～　あなたは来ない～」とサルヴァトール・アダモの『雪は降る』を歌いやがって……。「この野郎、それはお祝いの席で歌う唄じゃないだろう！」と頭に来たことを憶えています。

俺は本来、アンコ型（太った）の女性が好みだったんですよ。あの時期、アメリカを中心に活動していた選手の間では「マサ斎藤と天龍はアンコ好き」というのは有名な話でした。

式の最中にレフェリーのミスター林さんが、まき代の目の前で「天龍、カアちゃんはアンコじゃないな」と言ってきて、彼女は言葉の意味を知らないから、壇上で「ねえ、アンコってどういう意味なの？」と聞いてくるわけです。俺はやや焦りつつ、「いやいや、太っている女の子のことだよ」と答えたのを憶えていますね。そんなまき代の表情を横目で眺めながら、「結婚してから、ちゃんと太ってくれればいいかな」なんて思っていたものでした。

# 第二章　日本テレビから秘密裏に手渡された小切手

天龍とまき代は結婚した翌年、83年7月8日に長女・紋奈を授かる。

その前後の全日本プロレスは、団体の歴史の中でも特筆すべき変革期だった。新日本プロレスとの選手引き抜き戦争が激化する中、81年12月に社長だった馬場が会長職に棚上げされ、試合を中継している日本テレビから出向してきた松根光雄氏が新社長に就任。松根氏は専門誌上で「馬場の早期引退」、「鶴田、天龍へのエース交代」を明言し、内部改革に乗り出した。さらに松根氏の要望もあってアメリカを主戦場にしていた佐藤昭雄が全日本の現場を取り仕切るブッカーに就き、ここから緩やかなスピードで世代交代が進んでいく。

天龍は84年2月23日に蔵前国技館でリッキー・スティムボートとの王座決定戦に勝利して、UNヘビー級王座を獲得。遂にシングル初戴冠を果たし、〝第三の男〟の座を不動のものとした。

さらに同年9月には鶴田と組み、インターナショナル・タッグ王座も獲得。その勢いのまま鶴龍コンビは年末の『世界最強タッグ決定リーグ戦』も制し、リング上の主役は着実に若い世代に移っていった。

**また、この時期は凱旋帰国した〝東洋の神秘〟ザ・グレート・カブキの人気爆発、新日本を離脱した長州力率いるジャパンプロレス勢の参戦などもあり、全日本マットは活性化。土曜の夕方に放送されていた『全日本プロレス中継』は85年10月になって、約6年ぶりにゴールデンタイム復活を果たす。**

**まき代**　新婚時代は東京・西麻布のマンションで暮らしておりました。ちょうど富士フイルム本社ビルの裏あたりです。普通の夫婦ならば、甘く楽しい思い出に満ちあふれているであろう新婚生活ですが、天龍はとにかく家にいませんでした。

　普段は巡業に出ているので、オフ日があっても地方で過ごすことが多いわけです。シリーズの最終戦が終わってから自宅に帰ってきて久々に顔を合わせても、凄く間が空いているから、お互いに照れ臭いだけなんですよ。

　京都時代は家族はもちろんのこと、父の会社の従業員さんやトラックのドライバーさん、お店をやるようになってからはラウンジで働くホステスさんたちと同居していて、にぎやかな環境で生活していたため、私は初めての「一人暮らし」という感覚でした。しかも言葉も違いますし、東京には友達が一人もいません。もう寂しくて、毎日、目の前のビルの窓に大きく反射して映る東京タワーを見ては泣いていたものです。

**天龍**　こんな俺を、まき代は独身時代と同様に振舞わせてくれました。結婚したときに夫婦間で交わした約束は、「門限は朝刊の新聞配達が来るまで」くらいです。娘が大きくなってからは、「紋奈が学校に行くまでの時間には帰ってきて。ご近所に恥ずかしいから！」と厳しくクギを刺されるようになりました。

まき代は俺が深夜の3～4時に帰宅しても、ちゃんと起きて待っていてくれるんです。俺はどんなに遅い時間でも玄関の鍵を自分で開けるわけではなく、インターホンを押して女房に玄関を開けてもらっていました。ひどい亭主だと思われるでしょうが、当時の俺はそれが普通だと信じ込んでいました。

そんな新婚生活は、俺からしたらメチャクチャ居心地が良かったです。「結婚しても独身時代の天龍源一郎と変わらないだろう！」という姿を周りの連中に見せつけるような感覚でした。鶴田選手が試合後にコソコソと結婚指輪をハメ直していたり、石川敬士が飲みに行っても早めに切り上げて帰宅している中、俺だけは朝までみんなと飲み歩いて、独身時代と変わらない生活をキープしているわけですからね。

それは「独身時代そのままの姿で生きている天龍源一郎って凄いだろう？」という自己満足的な自慢ですよ。実際は俺が凄いのではなくて、その裏でそんな生活ぶりを理解してくれているまき代こそが凄いんですけれど、それも含めて「そんな女房がいる天龍源一郎って凄いだろう？」という自慢なんです。

ただ、後で聞いたところによると、ずいぶん迷惑をかけていたみたいですね。自分ではあまり自覚がないんですが、まき代が一生懸命に大量の夕食を準備している最中に友人から誘われて夜の街に繰り出し、夜中の1~2時まで帰らなかったことなんてザラだったようです。

たまには2人きりで食事に行っていたような気もしますが、試合がオフで土日に家にいるようなとき、俺は基本的に競馬しかやっていませんでした。よく女房に頼んで、西麻布から渋谷の東にある場外馬券売り場に馬券を買いに行ってもらいましたね。当時は、まだ電話で申し込む方法がなかったんです。彼女が妊娠していたときにも行かせていましたし、娘が生まれてからも紋奈を背中におぶりつつ行かせていました。

だんだん慣れてきたのか、土日になると、まき代のほうから「お父さん、今日は馬券を買いに行かないの?」と聞いてきましたよ。今でこそ馬券を買う環境もオシャレになってきましたけれど、あの当時はまだ怪しいオッサンやヤ◯ザ者がウロウロしていた時代です。よくもそんな場所に、赤子を背負った若い女性を毎週のように行かせていたものですよね。

**まき代**　普段は寂しい日々を送っていましたが、天龍が巡業から帰ってくると、ひたすら買い物と料理に追われることになります。あの頃の西麻布はスーパーマーケットも少なかった上に、物価も高い。そこで大量の食材を購入して、荷物を抱えて帰ってくるわけですが、それだけで1時間以上かかるんです。しかも量が多いから、食材が入った袋を手に持っていると、指輪が変型するんじゃないかというほど重いんですよ。

そこから約2時間半くらいかけて、ご飯、お味噌汁、お漬物以外に7品の料理を作るというのが私の日課でした。その7品はすべてが大鉢です。天龍は鶏のカラ揚げが大好きでしたから、それを2キロ分。しゃぶしゃぶをやっても、肉は2キロが基本です。ステーキを焼くときの基本単位は500グラム。とにかく量が多いので、1回分の食費に1万円はかけていましたね。

その間、天龍が何をしているかと言いますと、何もしていません。ソファーでゴロゴロしながらテレビを観ているだけです。家にいるときに天龍が動くといえば、せいぜいテレビのチャンネルを替えるためにリモコンを操作するぐらいでした。

**天龍** 結婚は、食事の面でも大きな変化がありました。一番最初にまき代が料理を作ってくれたときのことは憶えています。何を作ってくれたかは忘れてしまったんですが、俺がポツリと発した言葉が「どうしたら、こんなにマズい料理が作れるの?」でした。

彼女は、「えっ……」という表情をしたまま固まっていましたね。それから彼女は必死に料理を勉強したみたいで、いろいろなメニューを覚えては作れるようになってくれました。最初に俺が味見して、厳しい言葉でカマしてやるんですよ(笑)。

今でもたまに作ってくれますが、まき代のニンニクの味がする鶏のカラ揚げが大好きでした。50~60個も作ったカラ揚げをテーブルに置いて、ビールを飲みながらムシャムシャと食べて、それがなんだか幸せでしたね。

彼女の買い物も俺は一切手伝わなかったです。西麻布は昔の霞町のほうから、富士フイルムの本社ビルに向かってダラダラ坂があるんですよ。その坂道を両手に荷物を抱えて、まき代がエッチラオッチラと歩いている姿をただ家の窓から眺めていたこともあります。そんな彼女がやっと坂の上にたどり着いたら転んでしまい、大量の荷物がバラけて坂道の下まで転がってしまったときには「さすがに泣けた……」と言っていました。あの当時、肉にしても2~3キロ買っていましたからね。娘が生まれてからも彼女は紋奈を背負って、両手に買い物かごを抱えて、あの長いダラダラ坂を歩いていました。さぞや大変だったと思いますよ。

こんな嫌な亭主でしたが、食事の面では本当にまき代に感謝しています。俺はプロレスに転向した際、相撲取りそのままの体型でプロレスをやるのが凄く嫌でした。だから、最初にアメリカに行ったとき、徹底的に腹筋を強化したんです。とにかく腹が出ないように気をつけて、絞れた体型のまま日本に帰国することができました。

ところが、太れないと言ったらおかしいのかもしれないけれど、ずっと痩せたままだったんです。その体型ではプロレスラーとして、弱く見えてしまうと焦っていました。だから、あの時期にまき代と結婚して、食生活がガラリと変わったのは仕事の上でも大きかったんです。

すぐに体重が12~13キロ増え、身体の厚味も増しました。結婚前と結婚してしばらく経ってからの写真を見比べてもらえば、厚味の違いは一目瞭然のはずですよ。

## 結婚の直前に知った〝第三の男〟の収入

**まき代**　私がプロレスラーの収入の仕組みを知ったのは、結婚する直前でした。天龍からは何の説明もありませんでしたが、当時の全日本プロレスは給料のシステムが月給制ではなく、「シリーズ給」。つまり1シリーズが終了するごとに支払われるので、年に8回しかお給料日がないこともあるわけです。

結婚する前に天龍のお父さんが「あんな特殊で大変な仕事をしているんだから、コレぐらいはもらっているだろう?」と指を1本出したので、私はてっきり月の給料が100万円だと思っていました。ところが、フタを開けたら、それより全然少なかったんです。

普通のサラリーマンよりは高給だったはずですが、私は京都にいた頃、お店をやっていたこともあって20代前半で月収が100万以上ありましたから(笑)。今から35年以上前の話なので、一般の同年代の女性に比べると、かなり多いですよね。

だから、天龍と結婚して「この給料でやっていくのは厳しいかな」と思いました。プロレスラーは普通の会社員とは違って巡業と家庭の二重生活が続くわけですが、天龍が普段はいなくても家賃が減るわけでもなく、帰ってきたら食費は普通の人の倍以上もかかります。その他に天龍が巡業に持って行くお金も必要となりますよね。

それに天龍は家にいるとき、3回も4回もお風呂に入っていました。そんなに洗う場所があるのかというぐらいに、1日の中で1時間以上は入浴タイムなんです(笑)。シャワーも大好きで、ちょっと汗をかいただけでも、すぐに浴びていました。だから、水道代や光熱費もバカにならないんです。

私は結婚して2年間は、自分の下着も洋服も1着も買いませんでした。なにしろ当時の天龍は年齢的にも一番食べて身体を作らなければならない時期でしたから、その分は生活費に回したんです。

それでも足りなくて、私は天龍が巡業に出ている間、京都のお店に働きに出ることにしました。あの頃の全日本プロレスは試合給以外に、巡業に出ると「弁当銭」というものが出るんですが、天龍が何も教えてくれないので、そういうシステムがあることを知ったのは結婚して何年も過ぎてからでしたね……。

**天龍**　結婚して一番変化があった部分は、やはりファイトマネーをもらっても、それを全部使えるわけではなくて、家に納めなくてはならないという……。それが結婚当初は「なんで全部使えないんだよ?」と、かったるくて仕方なかったです。

でも、結婚生活は信頼ありきですから、ファイトマネーを一旦はまき代に全額を渡して、そこから小遣いなどを渡されていました。当時は「誰よりもファイトマネーをもらって、まき代にどこの家庭にも負けない生活をさせてやろう」と燃えていましたよ。目標は鶴田家でした。そういう気持ちだけはいつも強く持っていましたね。ただ、勝手に目標にしていた鶴田選手のファイトマネーが一体いくらなのかは知らなかったんです(笑)。それを知ったのは、全日本プロレスを辞める直前のことでした。

## 「天龍源一郎を一等賞の男にしたい」と決意

**まき代**　私は天龍と付き合っているうちに、プロレスラーには「ランク」というものがあることに気がつきました。たとえば全日本プロレスならば、馬場さんが頂点。そして、二番手の鶴田さんがその頂点を超えることは難しいとか……。

結婚した当時、私が知っていたプロレスラーは馬場さん、鶴田さん、そしてアントニオ猪木さんの3人だけでしたから、「プロレスラーであるのなら、誰もが天龍源一郎と聞いて分かるようなレベルにまで行かないとダメでしょ!」と勝手に決意しました。

キャッチコピーは「第三の男」でもいいんですが、たとえ三番手でも知名度があるかどうかが大事なんです。要は何をやるにしても、一等賞の枠にいなければダメ。プロレス界の難しいところは一等賞が何人もいることでもあるんですが、私は勝手に決意して、「一緒に並んで歩かない」、「絶対に荷物を持たせない」、「常に天龍を立てる」といった自分なりの決まりを作り、実行しました。

しかし、それによって新婚生活に心地良さを感じていた天龍が「夫婦とはそういうもの」と認識し、何の疑問も抱かずに乗っかってしまったことは大きな誤算でした(笑)。皆さんもご存じの通り、天龍はある一定以上の番付にあれば、付き人が何でもやってくれる相撲部屋という特殊な環境で育った人です。純情だった当時の私は「いつかは天龍源一郎を一等賞のプロレスラーに!」という気持ちでいっぱいでしたが、当の本人がそこまでの野望を胸に抱いていたかどうかは分かりません。

私がこういう行動に出たのは、そもそも自分の家庭環境に要因があったのかもしれません。父は若い頃からいろいろな事業を手掛けていましたが、お金持ちのときもあれば、超貧乏のときもあって、生活レベルの浮き沈みが激しかったんです。しかも、やり手の男性にはありがちな話ですが、浮気を繰り返すタイプで、二号さんが我が家に一緒に住んでいる時期もありました。今の感覚だと完全におかしいんですが、私は他の家庭を知りませんからね。

当然、母が怒って家出したときもあります。しかし、昭和一桁生まれで、しかもお嬢様育ちでしたから、基本的にはそんな父でも帰宅すると三つ指をついて出迎えるタイプでした。私も「男の人は立てるもの」、「女は文句を言ってはいけないもの」と教えられて育ちましたから、そのまま実行してしまったわけです。

これは私の個人的な見解ですが、とにかく天龍は「結婚してから変わった」、「カアちゃんの尻に敷かれている」などと言われるのが嫌だったんだと思います。だから、たった2週間しかないオフの間でも友人から誘いの電話がかかってきたら、財布に最後に残った1万円札を渡してでも、私は「どうぞ行ってらっしゃい」と送り出しました。だから、天龍は結婚してからのほうが派手に外で遊んでいるはずです。

**天龍**　まき代の強いこだわりは、「ウチの旦那を日本一の男にしてやろう！」ということなんでしょう。まるで、よくある関西発のテレビドラマのような感覚ですね（笑）。だから、俺にとって新婚生活は何もかも付き人が世話をしてくれる相撲時代の生活が蘇ったような感覚でした。本当に結婚して良かったと思いましたね。もし仮に、まき代以外の女性と結婚していたとしたら、おそらくすぐに「ふざけんなよ！」と三行半を突きつけられていたでしょう。俺はそれぐらい理不尽な亭主だったと思います。

ありがたいことに、まき代のおかげで俺は全神経をプロレスのみに集中することができました。娘が生まれた後も、赤ん坊だった紋奈がグズり始めると、家の中がうるさくならないように寒い日でもわざわざ外に出てあやしていましたからね。常に俺にとって居心地のいい家庭を提供してくれていたわけですが、当時はそれが当たり前だと思っている俺がいました。

今となっては、俺は「家族」という感覚をすべて女房によって教えられていたんだなと思います。まき代の実家では誕生日など祝い事を家族全員で祝福するという習慣があったそうですが、俺の実家はそういうことは一切ありません。そのまま13歳で、番付一つで神様になったり、虫けら同然になったりする相撲の世界に入って、一人でずっと生きてきました。

結婚してしばらく経った頃、まき代にこう言われたことがあるんです。

「あんたは兄弟愛とか親子愛を一切持っていない人だね」

それは「思いやりがない」という言葉につながるんですけれど、俺はそういうことを知らなかったのかもしれません。だから、俺は無神経なことを平気でカマしてしまったり、態度に出てしまうことがありました。まき代の言葉で初めて「ああ、俺はそういう奴なんだ」と気づかされて……。もちろん、俺自身の中では「そんな奴じゃない」と反発する部分もあるんですけれど、まき代はよく尽くしてくれる半面、そういうことも平気で言ってくる女なんです（苦笑）。

自分では普通だと思っていたことが、世間一般ではまったく普通ではなかったということですよ。だから、俺は結婚してから、まき代によって「愛情を注げる何か」になっていったという感覚があるんですよ。

## 男の子だと思っていたら……長女・紋奈が誕生

**まき代**　結婚式が82年9月26日で、紋奈の誕生が翌年の7月8日ですから、ほぼ結婚と同時に授かっていたことになります。天龍は「結婚してから恋愛すればいい」と言っていましたが、そんな時間が持てないほどのスピードで紋奈が誕生しました。

正直に言うと、あまりに早すぎるので「今回はちょっと見送ろうか？」という話も2人でしました。結局、このときに産む決断をしたことで新婚生活はなくなり、「いつか時間ができたら行こう」と話していた新婚旅行にもいまだに行っていません。

天龍は巡業生活で家にいないため、出産が近くなると私は実家の京都に戻り、そこで出産しました。今では何かと口うるさく反抗的な娘ではありますが、「あのときに産んでおいて良かった」と心から思っております。

その後、私は紋奈を連れて東京へ戻りましたが、天龍のダメパパぶりは凄まじいものがありました。生後2ヶ月ぐらいの頃、私がどうしても外せない用事があって、家にいた天龍に紋奈を預けて2時間ほど外出したことがあったんです。帰宅した私が目にしたのは、ビショビショになったTシャツを脱ぎ捨てている天龍の姿でした。オムツを替えようとして、紋奈にオシッコをかけられたそうです。

「ああ、この人に預けたのは失敗だったな……」と思い、それ以来、育児の細かいことは基本的に私だけでやりました。結局、天龍が紋奈のオムツ替えをしたのは、その日の2回だけしかありません。

**天龍**　子どもは結婚してすぐに欲しいとは思っていなかったんです。まき代は欲しがっていた様子でしたけどね。憶えているのは、切迫流産の危機に陥ったときに「私は絶対にこの子を産みたい」と決意表明のようなことを言われて、強烈な母性というか強い愛情のようなものを感じました。やはり子どもを産むということに関して、女性より強いものはないですよ。あのときは、「まき代は俺が持っていない強い何かを持っている人だな」と感じました。

妊娠を告げられたときは、凄く嬉しかったですよ。「父親になる」というよりも、「家族が増える」という喜びを感じました。何か突然、責任感のようなものが湧いてきたことを憶えています。

徐々にお腹が膨らんでいく過程で、検査を繰り返していたときに医者からは「男の子のようだ」と言われ、まき代も「このお腹の膨らみ方は男の子に違いない」と勝手に決めつけていました。だから、俺は天龍の「龍」の字をとった男の名前しか考えていなかったんです。その子には「龍が稔る」と書いて、「龍稔（たつとし）」と命名しようと考えていました。子どもが生まれて、お父ちゃんはもっと頑張って、嶋田家が栄えるという意味です。

ただし、まき代のお腹がどんどん大きくなってきても、俺の生活は何も変わりませんでした。特に何を手伝ったというのは記憶にないです。紋奈が生まれたのはシリーズの途中、どこかの会場に着いたときに電話で知らされました。女の子だったと聞いて驚きましたね（笑）。

シリーズの最終戦を終えて、翌朝に京都に行って赤ん坊と対面しました。そこにはゲッソリとやつれたまき代がいて、赤ん坊は黄疸の気が出たということで京都市内の別の病院に移されていました。紋奈との初対面は……保育器の中に入れられた赤ん坊を「向こうから○番目がお前の娘だよ」と、まき代のお父さんから言われただけで、顔もよく見えませんでしたね。

紋奈という名前は、まき代と2人で考えたんだと思います。由来は家紋の「紋」に、奈良の「奈」。最高じゃないですか（笑）。字画とか細かいことに関して俺は全然気にしないんですが、まき代のほうがこだわっていました。結局、「紋奈という名前は字画的にも最高」となったんです。

娘が生まれたことで、今までチャラチャラと遊んでいた天龍が「一家の長になったんだな」、「家族を食わしていかなきゃ」と嶋田家の家長として頑張らなければならないと自覚しましたね。リングでの試合ぶりは特に変わらなかったと思いますが、ちょうどスタン・ハンセンが登場したり、テリー・ファンクが引退したり、鶴田選手がインターナショナル・ヘビー級王者になったりと、全日本プロレスもいろいろと動き始めていた時期でした。

娘が生まれても、俺は育児はほとんどしていません。たった一度だけ、寝ている紋奈の子守りを任されたときにオムツを替えたぐらいですよ。帰宅したまき代が汗ビッショリになっている俺の姿を見て、「こりゃダメだ」と感じたようです。

俺は外で稼いでくるのが仕事で、まき代には家庭を守ってもらうという意識が強かったですからね。だから、俺は家庭内のことは一切口を挟みませんでした。生まれたばかりの紋奈に対しても「頭が良くなって欲しい」とかそういう気持ちは全然なく、ただ漠然と「のびのびと元気に育ってくれればいい」と思っていました。

あの頃の全日本は、ちょうど選手たちが新米パパになった時期が近かったんです。だから、バスで移動中にドライブインで休憩すると鶴田、天龍、石川という3人組でオモチャを買いながら、お互いにその姿を見て笑い合っていたことを思い出します。

一番最初にドライブインで紋奈のために買ってきたオモチャは、女の子なのに俺はなぜかジープのミニカーを選んでしまったんです。あの頃は巡業中にドライブインに停まると、何かしらオモチャを買っていました。オモチャを渡すと、紋奈が喜ぶのが分かりますから。そうすることで、父親としての実感が湧いてきたのかもしれません。

**紋奈**　私は最初、男の子として生まれてくると予測されていたんですよね。とりあえず「龍稔」にならなくて、本当に良かったです（笑）。その名前を聞くと、女の子に生まれて良かったと実感しますね。

私が父の存在を最初に認識したのは……幼少時は父が家にいることが少なく、母子家庭のよ

まき代の母が営む京都のラウンジで唄を披露する長女・紋奈。

うな生活が当たり前だったので、「たまに家の中にデカい人がいるな」と。その感覚はうっすらと憶えています。

　母が父のことを「天龍」と呼んでいたので、その天龍なる人物がたまに家にいる。ただ、その人が何者なのか幼い私にはよく分からない。普段は一緒にいないし、人物像もあまり見えていないから、ただ「お父さん」と呼んでいるだけで、このデカい人が一体何者なのか分からないまま人生が進んで行くという感じでした。だから、やはり普通の家庭とは違いますよね。

　父が最初に買ってきてくれたというジープのミニカーは、今でもちゃんと私の家のリビングに飾られています。しかし、女の子になぜお土産でジープのミニカーを買ってきたのか理解に苦しみますね(笑)。

## 日本テレビから天龍と鶴田に手渡された謎の小切手

**まき代**　天龍は家庭内で、ほとんど仕事の話をしない夫でした。巡業に出ると毎日電話はかかってきますが、私も試合の勝敗などについては一切聞きません。ケガをしたのか、あるいはさせたのか、それだけは聞きました。

私がもともとプロレスに興味がないせいかもしれませんが、当時は会場に行くのも年に1回だけ。年末恒例の日本武道館で開催される『世界最強タッグ決定リーグ戦』の決勝戦です。その日は会社側からギャランティーの額より微妙に多い分のチケットが事前に渡されるんです。要はファイトマネーの代わりにチケットを委託販売するシステムですね。

私は東京に友達が一人もいないので、会社から渡されたチケットを売るアテはありません。だから、5人分ぐらいの座席を占拠して観戦していました。つまり毎年、最強タッグの最終戦はノーギャラということです（笑）。

他の団体は知りませんが、全日本プロレスでは夫人同士の交流というのは皆無に近く、私がプライベートでお付き合いがあったのはマイティ井上さんの当時の奥さまぐらいでした。レスラーの奥さま方と付き合うときに、天龍から注意されていたのは「俺のファイトマネーに関しては絶対に言っちゃダメだぞ」ということです。天龍は先輩方に対して、キャリアは下でも会社からの扱いは上ということで、神経を使っていたんです。そういった面でもプロレスは非常にデリケートな業界であり、自然とレスラーの家族同士のお付き合いが少なくなるのは仕方のないことかもしれません。

その頃、ジャイアント馬場夫人の元子さん、ジャンボ鶴田夫人の保子さん、そして天龍源一郎夫人の私がＮＨＫの番組『ひるのプレゼント』に出演したことがありました。ある意味、奇跡とも言える組み合わせです（笑）。後に聞いた話によると、当初はＮＨＫ側から新日本プロレスのアントニオ猪木夫人（女優の倍賞美津子さん）、坂口征二夫人（利子さん）、藤波辰爾夫人（伽織さん）に話があったらしいのですが、倍賞さんが多忙を理由に断ったらしく、全日本プロレスに話が来たようです。それを断ったら、またＮＨＫ出演の話が新日本に持っていかれてしまうということで、元子さんが「出る！」と言い出し、私たちも出演することになったんです。

**天龍**　まき代が元子さん、保子さんと一緒にＮＨＫの昼番組に出演したことは憶えていますよ。他意はなく、ただ単純に「ああ、良かったな」と思いながら観ていました（笑）。

全日本プロレスという組織は、奥さん同士がほぼ断絶状態のようなものでしたからね。極道コンビのグレート小鹿さんと大熊元司さんは家も近いし、仲も良かったから家族ぐるみの交流があったかもしれませんが、他にそういう話は聞いたことがないです。もっともウチだけが経験していなくて、他の皆さんは仲が良かったのかもしれないけど（笑）。

**まき代**　新しく全日本プロレスの社長になられた松根さんのご自宅に招待されたことがありました。プロレスの関係で夫婦揃って出かけることなんて滅多になかったので、よく憶えているんです。そのときは石川敬士さんご夫妻と一緒でした。当時、ウチと石川さんのご自宅が近所だったのも関係しているのかもしれません。

松根さんとの会話の主旨は、「全日本の社長を今後もまた継続してやって行くから、よろしく頼む」といったものでした。私から見て、あの頃の日本テレビは馬場さんではなく、鶴田さんや天龍を推したかった様子でした。

ある日、他言無用という条件で天龍が日本テレビから小切手をもらって帰ってきたことがあるんです。本人は「こんな紙切れ、どうすればいいのよ?」と言っていました(笑)。私がそこに書かれていた金額に驚きつつ、「いや、大丈夫。ちゃんと銀行に行くから!」と答えたことを憶えています。そのとき、天龍は「どうして小切手でこんな大金を渡したんだろう?」と首を傾げていました。まだ大して給料も良くなかった当時としては、結構な金額でした。鶴田さんももらったようですが、このことは馬場さんだけでなく、他の選手にも内緒だったはずです。

秘密裏にそんな大金を渡すぐらいですから、あれは特別ボーナスというよりも、「動くなよ!」という意味があったと私は思っています。当時は全日本と新日本しかない時代ですから、「向こうには行くなよ!」とクギを刺すと同時に、「これからもジャンボ鶴田と2人で全日本を盛り上げほしい」という意味合いだったのかなと推測しているんですが……。

**天龍**　小切手?　あれは83年か84年か……日本テレビから突然、受け取ったことがありました。当時はそもそも小切手自体が何なのか俺はよく分かっていなかったので、家に帰ってから女房に「こんな紙をもらったよ」と言って手渡したんです。彼女は目を丸くして驚いていましたね。だから、細かいことは忘れましたが、かなりの額だったんだと思います。

それを受け取ったとき、日本テレビの人から「他の選手には言わないように」みたいなニュアンスで言われましたね。要するに馬場さんには内緒ということです。その謎の小切手をもらったのは、俺と鶴田選手だけだったと聞いています。

当時の全日本は、スポンサーである日本テレビ側から出向という形で松根さんが社長として送り込まれていた時期でした。要は、それ以前の会社経営がうまくいっていなかったということでしょう。あの頃、ファイトマネーの遅配はなかったんですが、正午に事務所に取りに行ったら、もらえたのが夕方5時だったこともありました。当然、そういうことがあれば、「馬場さんは、よろしくない状態なんだな」とは感じていましたよ。でも、俺は馬場さんとの縁でプロレスの世界に入ったので、肩書きは社長でも会長でもいいから、馬場さんがずっとそういったポジションであればいいなとも漠然と思っていました。

松根さんが全日本の新社長になって、佐藤昭雄さんがブッカーになった頃は、時代を変える「下作り」をしていた時期だったのかもしれません。言葉は悪いかもしれませんが、鶴田選手が「善戦マン」などと言われて人から揶揄されていた時期と、俺が伸びていく時期がちょうど被っているんです。

俺が後にレボリューション（天龍同盟）を作って突っ走り、馬場さんもそれを容認していた頃は、馬場さんからすると「力をつけた天龍がこっちに来てくれればいいいな」と思っていたように感じました。俺もまた、そういうスタンスで馬場さんに接していましたから、ちょうど良かったんでしょうね。

もし鶴田選手が維新軍の頃の長州力のように白黒ハッキリしたタイプの人間で、もっと力があったら、全日本プロレスは引っ繰り返っていたと思います。そこには引っ繰り返したくて仕方がない日本テレビがいたわけですからね。それはたぶん、ブッカーを任された佐藤昭雄さんが一番感じていたと思います。まだ若手だった三沢光晴を台頭させたり、あの頃は全日本を変えていこうという過渡期だったんでしょう。

スキャンダルすらも話題に転化してしまう新日本と違って、全日本は表面化していないクーデターみたいなものが結構あったと聞いています。このときの小切手の件は……次代のエース候補だった鶴田選手と俺を日本テレビの専属契約にしようというニュアンスだったのかもしれませんし、あるいは社長復帰を狙っている馬場さんを排除して、「お前たちを中心にしてやって行くぞ」という日テレ側の意思表示だったのかもしれません。正直なところ、今でもよく分かりませんね。具体的に何かを言われたわけでもないですし、当時もあまり気にしていなかったです。

こんな話を天国の馬場さんが知ったら、「お前ら、この野郎!」と鶴田選手が今頃、責められていることでしょう。次は俺の番かな(笑)。

実際、当時の全日本は話題作りでも新日本に遅れを取っていましたし、おそらく視聴率戦争でも分は良くなかったと思います。そんな中で三沢を2代目タイガーマスクとして登場させたり、長州力一派（ジャパンプロレス）を引っ張り込んだりしたのは、おそらく馬場さん主導の戦略だったんでしょう。

その中でも元横綱・輪島大士さんのプロレス転向は、俺たち選手も驚いたぐらい衝撃的でした。本当に馬場さんが放った起死回生の一撃であり、世間一般に全日本プロレスというものを浸透させるだけのパワーがありましたからね。

馬場さんはレスラーとしてニューヨーク（ＷＷＷＦ、現在のＷＷＥ）でトップを取っていたという経歴にプラスして、巨人軍の元投手です。おそらく本人は思っていないのかもしれないけど、そういう微妙なプライドみたいなものを感じさせる人でした。だから、俺たちも気軽に「馬場さん」とは呼べないし、年齢もちょうど一回りぐらい上でしたから、そういう意味では距離があったのかもしれません。

だからこそ松根さんは日本テレビから来て、そういう選手側との垣根を取り払われようと努力されていたのかな？　松根さんとは決して変な関係ではなくて、「遊びに来なよ」と言われて自宅に招かれたこともあります。松根さんは選手ともお酒を飲んだり、凄くコミュニケーションを取られる方でした。社長とは言っても全然偉ぶらなかったですし、フレンドリーに接してくれましたね。また、そういうコミュニケーションの取り方がうまい方でした。

## 天龍が待望のシングル王座初戴冠

**まき代** その頃の私は子育てでいっぱいいっぱいで、天龍がリング上で何をしていたかは、ほとんど記憶にありません。ただ、初めてUNヘビー級王者になったときは、あの大きなチャンピオンベルトを自宅にまで持ち帰ってきたので、そのことはよく憶えていますね。

**天龍** 鶴田選手は家に帰ってゴロリとすると、完全に「鶴田友美」になってしまっていたらしいですが、俺は逆に気分の切り替えが凄く下手でした。だから、試合会場から直接、家に帰るなんてことは、ほとんどできませんでしたね。飲んでから帰るか、あるいはどこかで気晴らししてから帰るか。自分の中で最初から自宅に直帰するという選択肢はなかったです。

たとえ直帰したとしても、仕事が、つまり試合がうまくいかなかったときなんかは悲惨なもので、徹底的に俺はブスッとしている。女房も話しかけるのをためらうほど、機嫌が悪いわけですよ。新婚間もない頃は、どう接して良いのか分からずに困っていたそうです。

たとえば女房が気を遣って「ビールでも出しましょうか?」と言ってくれても、「そんなもの、いらねえよ!」と怒鳴りつけたりするわけですよ。俺は「いいよ、気を使うなよ! うるせえよ!」とか、そういう言い方をするんです。大切な女房に対して、当時の俺はそういう嫌な態度を平気で取っていましたから、本当に悪い人間だったと思います。

ただ、家では仕事の話はほとんどしませんでした。もともとプロレスに興味のない女房ですから、そういう話をしたところで、トンチンカンな答えしか返ってこなかったでしょうしね。でも、それが逆に良かったのかもしれません。プロレスファンの女性と結婚していたら、ああだこうだとネジを巻かれて大変なことになっていたと思います。

東京近辺で試合がある日、まき代は俺が帰宅するまで必ず起きて待っていました。やはり自分の目で無事に両足で歩いて帰ってくる姿を確かめたかったみたいですね。こういう職業ですから、俺がいないときに電話がかかってくるとビクッとしたそうです。

地方に行っているときも毎晩、俺は必ず寝る前にまき代に電話していました。だから、家庭の状況も娘の成長具合も大体は把握していましたし、交際期間中もそうでしたが、我が家は電話が一つの鍵を握っています。夜遅くなっても、違うお姉ちゃんが部屋に来るまでの短い時間を縫って、女房への電話を欠かしませんでしたよ。ノックの音がすると、慌てて電話を切ったりとかね（笑）。すぐに居場所が特定されてしまう携帯電話も良し悪しですね。そういう点では、今の選手は大変だと思いますよ（笑）。

そんな日々を過ごしていた35〜36歳ぐらいの頃、リング上では長州力たちが全日本プロレスに殴り込んできた前後ぐらいから、試合が終わるとすぐに飲みに行って騒いでは、ベロンベロンになりつつ上機嫌で帰宅することが多くなりました。それだけ長州たちとの闘いが充実していたということでしょう。

女房は女房でちょうど幼い娘の世話に手を焼きつつ、子育てに追われていた時期で、旦那は旦那で仕事が充実してきて、外で気分よく飲み歩いている。それはある意味で、幸せな時期なのかもしれません。

## 〝初代付き人〟冬木弘道と嶋田家の関係

**天龍**　俺の初代付き人は、冬木弘道でした。ある日、ザ・グレート・カブキさんが選手を集めて、「もうそろそろ付き人制度を復活させようよ?」と唐突に提案したことがあるんです。あまりにも突然だったので、みんなキョトンとなったんですが、カブキさんは「源ちゃんやジャンボはトップ選手になっているのに、自分で荷物を持って歩いているのはみっともないよ」と言うわけです。

ライバル団体の新日本プロレスではちゃんと付き人制度が機能しているのに、全日本プロレスではボスの馬場さん以外に付き人はいませんでした。昔からある付き人制度を廃止した理由は、いわゆる派閥的なものをなくすといった馬場さんならではの戦略があったと思います。

その場で俺はカブキさんに「源ちゃんはどうすんの?」と聞かれ、「冬木でいいっスよ」と答えました。冬木は81年の夏に国際プロレスが潰れて全日本に移籍してきた選手ですが、まだ周囲に馴染んでいる感じもなかったし、彼は吃音だったから、どこか周りから仲間外れにされているようにも感じていたんです。そんな理由で俺は冬木を指名しました。後にあれほど饒舌に理不尽節を轟かせていたので、その頃は猫を被っていたのかもしれないです。

当時、越中詩郎は馬場さんの付き人だったので、あとは必然的に三沢しか残っていません。

初代付き人となった冬木弘道とのオフショット。中央はハル薗田（マジック・ドラゴン）。

鶴田選手もOKしたので、そのまま天龍―冬木、鶴田―三沢というラインになりました。この「人事」は後のプロレス界の流れにも影響を与えたかもしれませんが、そのときはただ付き人として若い選手を振り分けただけのことだったんです。

川田利明は……若い頃の川田の記憶は薄いんです。毎日毎日、百田光雄さんとばかり第1試合で闘わされて、試合が終わると百田さんに怒られ続けているのが目に留まって、俺は川田という存在を意識し始めたんですよ。

レボリューションを始める前、馬場さんに「川田はいつも第1試合や第2試合ばかりで、何でもっと上で使わないんですか？」と聞いたことがあるんです。馬場さんの答えは、「あんな小さいのは、メインに持って行きようがない。そんなことをして、お客さんが信用すると思うか？」と、もう一刀両断でした。俺も「ああ、そうですね」と特に反論もしなかったことを憶えています。川田は後に立派にメインに行きましたけどね。

確かに、あの頃の川田は小さく見えていました。坊主頭で可愛い顔をしていたから、より線が細く華奢に見えたんじゃないでしょうか。元気が良かった頃は肩幅から何から大きく見えていましたし、その横幅で背が足りないのを補っていたものです。冬木といい、川田といい、若手のときの姿だけで判断してしまうと、後の成長が想像つかないということはありますね。

**まき代**　西麻布のマンションに住んでいた頃、よく冬木君がご飯を食べに来ていました。西麻布から世田谷の祖師谷に引っ越した頃からは、よく三沢君が食べに来ていましたね。みんな、まだ身体が細くて、後の姿と活躍は想像できない頃の話です。

実は冬木君と後の薫夫人は、京都にあったウチのお店で知り合っているんですよ。ウチの父が薫ちゃんを気に入ってしまって、「どうしても結婚したい」と言いだしたんです。冬木君が薫ちゃんの実家に何度も足を運んで、最終的には米沢さんや馬場さんも行ったのかな？　最後は馬場さんが「私が仲人しますから」と、先方のお父さまに結婚を認めてもらったんですよ。

**天龍**　その頃、全日本の道場は世田谷区の砧の住宅街にありました。一見してプロレスの道場に見えない、ごく普通の一軒家のような造りでしたね。

俺が祖師谷に住んでいる頃は家が近かったせいもあるけど、よく練習に行くついでに幼い紋奈を道場に連れて行きました。俺がベンチプレスをやっている間、紋奈はリングに上がって見様見真似で受け身を取ったり、ロープに走ったりして遊んでいましたよ。

道場に連れて行ったのは、家族以外の知らない人間と会うのも教育上いいんじゃないかと。そんな漠然とした理由です。それに俺が道場に行くのは、ちょうど女房が夕食を作り始める時間帯でしたから、少しでも彼女の手を煩わせたくないという女房孝行の一環ですよ。「あーちゃん、行こうよ！」と声をかけて、俺が車を運転しながら幼い娘と父親の貴重なデートタイムでした。

あの頃、道場には冬木や川田のほかに、小川良成もいましたね。道場に到着すると、彼らが紋奈を可愛がってくれるんです。だから、彼女は今、天龍プロジェクトの代表としてレスラーたちに囲まれても物怖じしないのか……いや、それは持って生まれた性格でしょう（笑）。でも、幼い頃からプロレスラーという特殊な人種が身近にいた感覚というのは、今でも生きていると思いますよ。

俺が練習している間、川田や冬木が「あーちゃん、お散歩に行くよ」と外に連れ出して近所の駄菓子屋でお菓子を買ってくれたり、裏の公園で遊んでくれました。

でも、彼らがいいお兄さんかというと、違うでしょうね。あの頃の川田や冬木は、唯一そこで俺にゴマをすっていたというだけですよ。後にそこには折原昌夫も入ってくるんですが、彼に至っては紋奈の頭を撫でながら足を踏んでいたという話ですし（笑）。

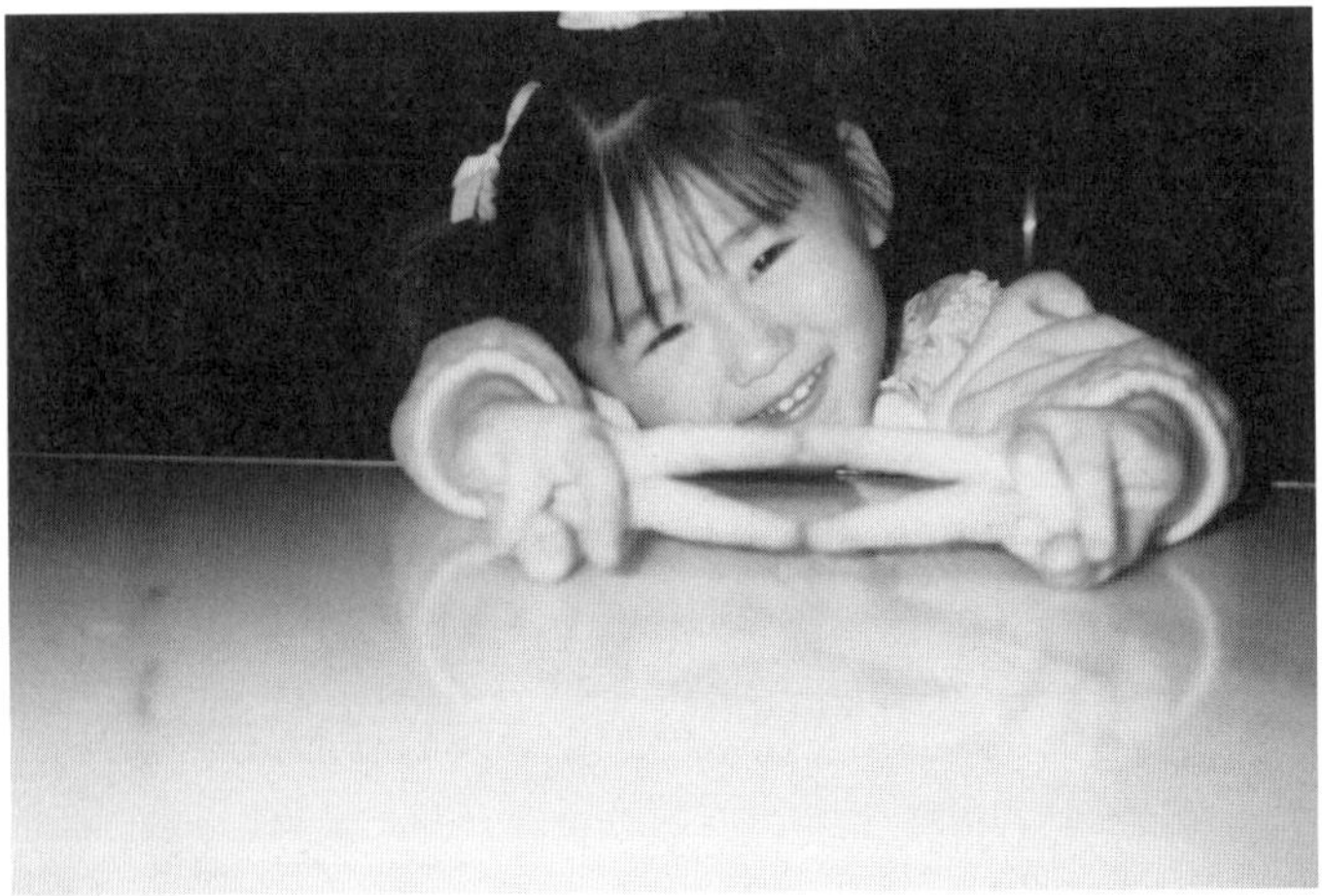

小学校に上がる前の紋奈。幼少時は父に連れられて、全日本プロレスの道場で遊ぶこともあった。

**紋奈**　父に連れられて全日本の道場に行っていたことは、よく憶えています。幼稚園の頃も父といる時間が少なかったから、私は一緒に道場へ行くのを楽しんでいたみたいですね。「お父さんが練習に行くから、一緒に行ってきな」と母からおむすびを渡されて、出かけて行きました。

私は道場にあった茶色い人型のダミー人形と遊んだり、ベンチプレスの台に父と2人で座って、他愛のない話をしながら母の手作りおむすびを食べていた記憶があります。

ただ、父は合宿所のお風呂には一緒に入ってくれませんでした。その時間になると、いつも若手だった小川さんや冬木さんに預けて、私は一人でお風呂に入っていたそうです。おそらく世話をするのが面倒臭かったんでしょう。

当時の道場には川田さんもいましたね。幼

かった私から見て、川田さんは無口でつまらない（笑）。冬木さんは家族で一緒に旅行へ行ったこともありますし、奥さんも娘さんも知っているんですが、不思議とその当時の記憶が全然ないんです。あまり喋りかけてくる人ではなかったからですかね？　でも毎年、お正月にはお年玉をくれました。

小川さんは、幼い子どもも憧れる優しいお兄ちゃんというイメージでしたね。でも、最近になって小川さんは「世話するのは、凄え面倒臭かった。ややこしいことを全部押しつけてくるんだよ、天龍さんは」と言っていました（笑）。

# 第三章　放蕩の限りを尽くした天龍同盟時代の家庭事情

87年3月に起きたジャパンプロレスの分裂・崩壊劇は、結果的に天龍のレスラー人生を左右することになった。

長州力らが古巣・新日本にUターンしたことで活気を失いつつあったリング上を見て、天龍は大きな決断をする。本隊離脱を馬場に直訴し、6月4日に名古屋シャンピアホテルで阿修羅・原と共闘していくことを宣言。いわゆる『天龍革命』がここからスタートした。

さらに反体制に回った龍原砲に川田、冬木、小川らが合流し、彼ら「天龍同盟（レボリューション）」が繰り広げる妥協なきファイトはファンから高い支持を得るようになる。

この時代の天龍は86年から3年連続で東京スポーツ新聞社制定プロレス大賞のMVPを獲得するなど、間違いなく日本マット界の主役だった。

だが、88年11月19日にひとつの転機を迎える。『世界最強タッグ決定リーグ戦』開幕戦で馬場の口から発表されたのは、天龍とのコンビでエントリーされていた阿修羅の解雇処分だった。

**天龍**　ある日突然、全日本プロレスから長州力たちが一気にいなくなってしまい、それまで彼らとの闘いに全神経を集中させて、やっとプロレスラーとして生きがいというか燃える何かを感じ取っていた俺からすれば、呆然とするしかなかったというのが正直なところです。

それ以上に腹立たしかったのは、長州たちがいなくなると、巡業中の風景が以前のノンビリとした全日本プロレスに逆戻りしたことでした。簡単に言うと、ピリピリしたものがない。長州たちが古巣の新日本プロレスに戻って行ったのは個人の気持ちや考えもあったんでしょうが、裏で糸を引く人間やテレビ局の問題だってあるはずです。いわば、企業戦争ですよ。だから、俺たちは元の牧歌的な風景に戻って安心していられる立場ではないんです。

そういう気持ちからレボリューション（天龍革命）の流れになっていくわけですが、俺は家では基本的に仕事の話は一切しなかったので、まき代に対して「阿修羅と組んで、ジャンボや輪島と闘うことになった」といった報告めいたものは一切していません。

ただ、「本隊の連中と一緒に移動できなくなったから、ちょっと送ってくれよ」と女房に運転を頼んだり、「阿修羅を送っていくから使うよ」と自家用車を頻繁に使用するようになりました。さすがにまき代は「何か職場であったんだろうな?」と感づいてはいたでしょうが、それ以上踏み込んで聞いてくることはなかったですね。

**まき代**　その頃、夫婦でプロレスの話をすることはほとんどなかったので、何が起きているのかは正直よく分かりませんでした。ただ、試合に行く際に家の車を頻繁に使うようになっていたので、「これは何かが起きているな」と。天龍同盟が嶋田家に大きなダメージを与え出すのは、もう少し後になってからですね。

**天龍**　本隊と別移動する際の交通費は当初、自分たちで出していたんです。あるとき、鉄道で移動する手段がなくなってしまったので、川田か冬木を会社に行かせて「レンタカーを出して下さい」と頼ませたことがあるんですよ。そうしたら、元子さんに「レンタカーを借りるのに、何枚チケットを売らなきゃならないと思っているの？　自分たちで行きなさい」と言われたんです。俺は「この野郎、目にものを見せてやるよ！」と、それからは一切、交通費に関して会社側に何も言わないようにしていました。そのうちに会社から出してくれるようになったんですけどね。

あの頃は、そういう反骨心のようなもので頑張れている自分たちがいました。マスコミの間でも俺たちの存在が話題になり始めていた時期でしたが、周囲からは「どっちみち、すぐに行き詰まるだろう」とタカをくくられていた部分もあったんです。そういう空気を敏感に感じ取って、シャクにも触っていたから思い切り突っ走れたんでしょう。

その時期は交通費とは別の部分、いわゆる夜の交遊費という部分でもレボリューションは出費がかなりかさんだみたいです。それもずいぶんと後になってから、女房に言われて初めて気がついたんですけどね。俺たちは巡業中、毎晩のように川田、冬木の他にマスコミの連中も引き連れて、飲み食いしていました。「俺はこいつらにサポートしてもらっている部分もあるんだから、飯を食わせ、酒を飲ませてやるのは当たり前だ」と何の疑問を抱いていませんでしたよ。その頃は、ただ「格好いいな、俺」という感じで自己満足に浸っていました。

だから、巡業に行って帰ってくると、お金が全然なくなっているということもありました。それでも俺はまったく気にしませんでしたね。飲んでいる最中にお金が足りないなと思うと、若い奴に「馬場さんのところに行って、ちょっともらって来いよ」と命じて、馬場さんからもらった分で、さらに継ぎ足して飲んでいるような感じでした。

**まき代**　天龍同盟が充実してくると、嶋田家としては出て行くものも多くなりました。なにしろ天龍は、あの性格ですからね。毎晩、飲み食いしに出かけるメンバーは天龍のほかに原さん、冬木君、川田君、小川君、それに「天龍番」と呼ばれる記者の皆さんも加われば、飲み代が1人＝5000円だとしても、10人いれば天龍が支払う金額は5万円くらいになってしまいます。でも、その当時の天龍のファイトマネーでは補えないんですよ。だから、巡業に出て試合をすればするほど雪だるま式に赤字になっていく。だから、一体何のために巡業しているのかよく分からない(笑)。天龍同盟の活躍によってリング上が充実していけばいくほど、嶋田家は火の車になっていくというわけです。そうなると、私が稼ぐしかない。

当時、母から「もう別れたら?」とも言われました。母が昔、「私は子どものために離婚しなかった」と言っていたことがあるんです。それを聞いて、「私のために犠牲になって離婚しなかったなんて言わないでよ」と反発を覚えました。本当に嫌だと思えば、離婚して自分で頑張って生活していけばいいわけです。だから、母には「外からガタガタ言わないで。協力はして欲しいけど、自分で決めるまで放っておいて」と言いました。

実は私だって何度も離婚は考えましたよ。でも、あの頃にあるスポーツ新聞の記者さんが母のお店に来て、「天龍さんには、お食事に呼んでいただいたり、飲みに連れて行ってもらったり、何かにつけてお世話になっていて本当に感謝しております。天龍さんは3人家族なのに、いつも我々のせいで20~30人もの家族になってしまって……。それでも文句も言わずにやっている奥さんは本当に大変だと思います」と言ったそうです。その言葉を母から聞いたから、あのときに私は頑張れたんだと思います。

何年か前、天龍と仲の良い銀座の『鮨處おざわ』というお店に紋奈が天龍プロジェクトのポスターを貼らせてもらうために立ち寄った際、たまたまその記者さんがいらして、問答無用で「ここに座って、お前は飯を食え!」と言われたそうです。そして、「すべては返せないけど、天龍さんに受けた恩を少しでも返す」と言われ、紋奈はご馳走になって帰ってきました。金額の問題じゃないんです。私はその気持ちが涙が出るほど嬉しかったですね。

**天龍**　馬場さんも鶴田選手も基本的に酒を飲まなかったんですよ。だから、俺が彼らの代わりにマスコミの人たちを接待しているような感覚でした。それも毎晩ですからね。その頃、翌朝にホテルのロビーやバスの前で元子さんに会うと、「昨日もまたお金をもらいに来て」という顔をされました。ただ、馬場さんからは一回も「この野郎、昨日も金を引っ張りに来やがって!」

と言われたことはないんですよ。「『昨夜はありがとうございました』ぐらいは言え!」と言われたこともないです。

俺は俺で「昨夜はごちそうさまでした」なんて一回も言わなかったですね。そこは俺と馬場さんにしか理解できない不思議な暗黙の了解なんです。その代わり、マスコミの人たちには「朝、馬場さんに会ったら、ちゃんとお礼を言っといてくれよ」とクギを刺しておきましたよ。

川田や冬木からすると、毎晩のように連れ出されて、しかも朝までコースでしたから、いろいろと先輩選手の雑用にも追われている時期だったので大変だったみたいです。川田は飲み終わって解散した後、早朝にコインランドリーへ行って洗濯していたらしいですからね。俺には文句を言えない彼らがマスコミの人に「トランクスを洗うヒマもない」とか愚痴っているという話を聞いたときには、「もしかして俺はいらんことをしているのかな?」とは思いました。

## 「玉の輿」とはほど遠い嶋田家の財政事情

**まき代**　世間一般では、有名スポーツ選手との結婚は「玉の輿」などと言われます。しかし、ほんのごく一部の方を除いて実情はそんなに楽なものではありません。正直な話、嶋田家の家計はいつも火の車でした。

プロレスラーがあの肉体を維持するためには、やはり質の良いものをたくさん食べなければなりませんし、衣類にしても既製品では間に合わない。そういう意味では、プロレスラーとはわりの良い職業ではありません。

まだ紋奈が生まれる前のことです。巡業に出発する天龍を見送った私は、その足ですぐに実家のある京都に向かいました。一人ぼっちで寂しいというセンチな理由ではありません。とにかく稼がなければならないからです。

私は京都へ行くと、すぐに母の経営している店に出てバリバリ働き、全日本プロレスの日程表とにらめっこをしつつ、天龍が巡業に出ている間に数十万円稼ぐんです。

そして、天龍が帰宅する前日に東京へ帰って家の中を掃除し、翌日に疲れて帰ってきた天龍を「お帰りなさい」と出迎えるという生活をしておりました。つまり天龍の巡業中は、妻である私も京都に「出稼ぎ」に出るわけです。天龍は私が単に里帰りでもしていると思っていたようですが、働いていたことは当時、内緒にしていました。

その後、身籠ってお腹が大きくなってきたときや、紋奈がまだ小さくて手が離れないうちは、指輪や着物をすべて質屋さんに入れました。天龍源一郎の女房だと素性がバレたら嫌ですから、質屋さんには全日本プロレスの保険証は提示できません。「こんなのじゃ5万円しか貸せないよ」と言われても、私は蚊の泣くような声で「7万円貸して下さい」と食い下がっていたものです（笑）。

質屋通いは、結婚してすぐに始まりました。まず結婚式で250万円の借金を背負ったんです。まあ、それは私が料理を200人前も追加注文したのがいけなかったのかもしれませんが（笑）。その借金分を全日本プロレスが年に8回しかない給料から引いてくるので、ほとんど残らないんです。

少しだけ生活が楽になり始めたのは、天龍同盟がスタートしてちょっと過ぎたあたりでしょうか。でも、その頃もまだ天龍の巡業中は京都に通っており、父に紋奈の子守りを任せて、私はお店に出ていました。

当時の天龍は、リング上ではトップクラスに位置していましたが、ギャランティーはそれほど多くありませんでした。お金の面でも評価されるようになるのは、もう少し後になってからのことです。

その頃はクレジットカードが流行り始めた時期で、私はあちらこちらでキャッシングもしていました。○○から10万円を借り、△△からも10万円を借りて、巧みにやりくりしては、○○に2000円を返し、△△には3000円を返すという綱渡りをしていたものです。先日、当時の家計簿が出てきて眺めていたのですが、我ながら感心してしまいました（笑）。「商業高校卒、恐るべし！」ですね（笑）。まとまったお金が入ると、質屋にも利息だけを払いに行って、「絶対に流さないでね」と頼んだりしていました。

**天龍**　確かにリングで稼いでいたはずなのに、貯金は全然なかったですね。俺は自分が格好いいと思ってやっていたことだけれど、女房は「彼らは嶋田家の人間でもないのに、こんなに家族が増えて……」と常に疑問に思っていたそうです。
女房の立場からすれば、貯金をしたかったはずですよ。娘も生まれたわけですし、祖師谷に一軒家を買って引っ越した後は、家のローンもありましたからね。ずいぶん後になって言われましたが、とにかく当時はやりくりに追われていたみたいです。そんなことなど露知らずの旦那は巡業に出て、お金を使いたいだけ使いまくって帰ってくるわけですから、そりゃ収支が合うわけがない。よく考えるまでもなく、おかしなシステムですよ（笑）。

**まき代**　天龍という人は、損得勘定みたいなものが欠落しているんです。いまだにそういう部分は感じますね。もう65歳になったんだから、学習して少しはズルくというか賢くなって欲しいものです。あの人は純粋ではない部分もたくさんあるんですが、年齢のわりに異常なまでに純粋な部分が残りすぎているんですよ。

たとえば越中詩郎さんが全日本プロレスを辞めて新日本プロレスに行くと決意されたときにも、噂で聞いたところによると、「またいつかどこかで肌を合わせることもあるだろうから」と持っていたお金をあげてしまったらしいんです。金額はいろいろ説があるようですが、計算もせずにある分だけ持ち合わせを渡しているから、本人もいくらあげたかわからないんですね。

結婚して2年目ぐらいの家計が一番苦しい時期には、こんなことがありました。ジャパンプロレスの若手だった選手がオフの間にアルバイトをしているという話を聞いた天龍に、「人前に出るプロレスラーがアルバイトなんかしていたら格好悪いだろう？　だから、毎月5万円ほど振り込んでやれ」と命じられたんです。

その選手は、長州力さんの弟子じゃないですか。そもそも所属している団体も違うんですよ。

しかも、私は天龍とその選手が特に仲が良かったわけでもないと思うんです。一瞬、言葉を失った私でしたが、天龍に命じられた通り、その選手の口座に5万円を振り込み続けました。おそらく天龍自身はその選手に「プロレスラーたる者、バイトは辞めろ！」と言ったと思いますが、実際に辞めたのかどうかは定かではありません。もう「バカ」がつくほどのお人好しですよね。

**天龍**　不思議なことに、女房はお金の催促をしても嫌な顔一つ見せないんですよ。明らかに収支は合っていないはずなのに、いつも催促した額に近いお金を渡されましたね。当時の俺はそれを不思議に思うわけでもなく、「そういうものなのかな？」と漠然とした感じで捉えていました。

手元にない場合は「明日の昼までに用意してくる」と言われることもあったんですが、とにかくお金に関しては催促して12時間以上待たされた記憶がないです。

実は当時、火の車だったと聞かされたのは、WARの末期、90年代後半になってからのことでした。ただ、当時のことを反省しているかと言われれば、「ああ、そういうこともあったんだなあ」という感じですよ（笑）。

## プロレスラーの宿命と嶋田家の教育方針

**天龍**　理由は憶えていないんですが、「嘘をつくな！」と紋奈のお尻を叩いて、外に2時間ぐらい立たせたことがありましたね。

　嶋田家は俺よりも女房のほうが娘に対して厳しかったです。俺は旅に出ていて家にほとんどいないわけですから、やはり紋奈が一番身近に接して影響を受けたのは女房でしょう。だから、小さい頃は巡業から帰ってくると、俺のことを怖がって寄り付かなかったりしたこともありました。

　紋奈は小学生の頃、ほとんどプロレスに興味がない様子でしたね。だから、会場にはほとんど来たこともないはずです。

　ただ、小学校に通うようになって、周りから「プロレスは八百長だ」とか揶揄されて、怒って帰ってきたりしていたのは憶えていますね。そこである程度、親離れしても良かったのかもしれませんが、紋奈はそんなことを言った同級生を追い掛け回して殴っていたらしいです(笑)。そんなことがあっても、彼女は俺に対して幼いなりに気を遣ってくれていたんですかね。普通は「こんな職業の親父は嫌だ!」と距離を置きたくなるものなんでしょうが、一応は気持ちよく接してくれていました。

　移動バスの中でそんな話をしていたら、ロッキー羽田選手が「ああ、ウチの子どももそうだったよ」と言い出したり、カブキさんや小鹿さんもそういった経験があるみたいで、「ああ、みんな同じなんだな」と。それはもうプロレスラーの宿命みたいなものなんですかね。

　父親がテレビ中継で負けたりするとからかわれたり、流血すると「あんな血はニセモノなんだろう?」、「どうせ赤チンを塗っているだけなんだろう?」と言われたらしいです。

紋奈からすると、俺が家に帰ってきて、パックリと割れてしまった傷口を女房に治療してもらったり、痛がっている姿を間近で見ているわけですから、ムキになって反撃していたみたいですね。

そういう話を聞いて、「ますます一生懸命プロレスをやらなければならない」という意識がさらに芽生え始めるんです。どんな仕事でもそうだと思いますが、誰に対しても胸を張れるという。だから、女房も「お父さんは一生懸命やっているんだから、あんたは何も恥じることないのよ」と言い聞かせてくれていたようですね。一生懸命、父親を立ててくれていたみたいで、そこも感謝ですよ。

巡業が終わると、「娘に会いたい」というよりは「これで心休まる嶋田家に戻れる」という安堵感がありました。渡り鳥がエサを持って巣に帰るような感じです。プロレス稼業は、巡業に行ってこそ稼ぎになる仕事ですから。これはある種の帰巣本能みたいなものなんでしょうかね。

**まき代**　紋奈が中学生ぐらいのときまでは、叩いたりすることもありました。そこから先はなかったように思います。叩いた手が耳のピアスに直撃して、血が流れるなんてこともありましたよ。あの娘は小学生の頃に金髪にしていましたからね。そのときは別に金髪やピアスの件で怒ったわけじゃないんですけど(笑)。

昔はどこの家庭でもそうでしたが、天龍の実家も教育方法は今なら「虐待」と呼ばれちゃうレベルだったようです。だから、ウチは夫婦揃って、大声で怒鳴りつけたり、むやみに手を上げるというのは大嫌いなんですよね。もし天龍が暴力をふるってくるような人でしたら、私は即、離婚していました。あの人の場合は、機嫌が悪いと返事をしなかったりとか、そっちのほうなんです（笑）。

だから、天龍は紋奈に対して「何を怒られているのか考える時間を与える」という感じで叱っていました。

怒られている原因が自分で分かるまで、玄関のドアの外に立たせておくというのが多かったですね。紋奈が中に入ってきて怒られた理由を答えると、「違う。また行ってこい！」と外に逆戻り。小学生時代は特にそういう叱り方でした。隣の家の方が「もうそろそろいいんじゃないの？　もう何時間も立っているわよ」と言ってきたこともありますよ。

何度も何度も誤回答を繰り返しているうちに、紋奈も最後には怒られている理由を答えられて、「はい、正解」となるわけです。頭ごなしに怒られるよりも、私はこういうやり方のほうが良いかなと思いますね。そうやってきちんと育ててきたつもりでも、あの娘はワガママに育ってしまい、いつも関係各位の皆さまにご迷惑をおかけしているようで大変申し訳ないです。

でも、あの娘も可哀想な部分があるんですよ。学校に行くと、どうしても「おい、天龍！」とからかわれたり、「天龍の娘だから、叩かれても痛くないだろう？」と言われたり。そんなのは放っておけばいいだけなのに、あの娘もムキになって「私は天龍じゃありません！」と言い返していたみたいですね。

だから、あの娘なりに幼少時から父親の職業、プロレスに対する偏見やら何やらと闘ってきたという自負はあるみたいです。そんな反骨心が今も何かの原動力になっているのかもしれません。でも、それは仕方ないことですよね。この家の娘に生まれてきてしまったんですから。嫌なことも多かったでしょうが、その分、恩恵も受けているわけですし。あの娘は小学校の前半の頃には、もうプロレスが大好きになっていましたね。

**紋奈**　父はどう思っているのか知りませんが、子どもの頃、特に小学生の頃まではよく怒られました。理由は、母の言うことを聞かないから、というのが多かったはずです。だから、父と母のどちらが怖かったかと言えば、圧倒的に父でした。小学生の頃は「尻を出せ！」と言われて、問答無用でバシッと叩かれて。だから、お尻にはよく天龍源一郎直々の手形がついていました。

父が怒るときは、とりあえず「そこに座りなさい」から始まります。こっちは「うわっ、来た来た」という感じですね。いろいろと言い訳をしても私が悪いのはバレていますから、事情をあれこれと聴取されて、外に立たされて、そのまま2時間放置されることもザラでした。

外に出されて1時間ほどしたら、私はインターホンを鳴らすんです。まずは母が出て「まだダメだって！」と言われ、非情にもそのままインターホンを切られる。また1時間ぐらい過ぎてインターホンを鳴らすと、母がようやく父に取り次いでくれて「入っていいよ」と言われ、やっと中に入れるんです。

母に「お父さんに謝んなさい！」と言われて、その通りにすると、父はぶっきらぼうに「何に?」と聞き返してくる。そこで「私が○○だったから悪かったです」と謝罪するわけです。そして、父は「じゃあ、これからはマキちゃん(母)の言うことを聞きなさい。はい、終わり!」という感じで一件落着。そうすると母が雰囲気を変えるために、ベラベラとどうでもいい話をし始めて、笑いが起きる。それが嶋田家の日常風景でした。

でも、真冬に2時間放置されると、メチャクチャ寒いし、飽きてくるんです。だから、こっちも要領を覚えて慣れてきちゃって、最後のほうは外で遊んだりしていました(笑)。

母は父が家にいるときと巡業などでいないときの「ON、OFF」の切り替えぶりは、それはそれは見事でしたね。父がいるとき限定で部屋がキレイだし、料理もきちんとしているという(笑)。父が巡業から帰ってくるのが間近になると、水で洗う巨大な掃除機を出してきて部屋中をキレイにするんです。

父がいないときの私たちの日常は、2人でずっと朝までゲームをやっていたり、カラオケに行ったり、自由も自由、本当に自由気ままな生活でした。

父がいないと晩御飯も毎日、焼きそばしか出てこないんです。「今日は塩焼きそばで、明日はソース焼きそばだよ!」という感じでした。大人になってから、父に「なんで焼きそばが嫌いなの?」と聞かれたから、「何言ってんの? お父さんが巡業でいないとき、毎日焼きそばだったんだよ。だから、私は嫌いなんだよ」と言ってやりました(笑)。

父は「そうか。俺がいないとき、まき代はそんなに手を抜いていたのか」と妙に納得していましたね。母はどこででも上手に生きていける人なんです!

## 「阿修羅が亡くなっちゃったね……」

**天龍**　皆さんもご存じの通り、阿修羅が全日本プロレスを解雇された理由は「私生活の乱れ」でした。あの頃、馬場さんは原家というか、阿修羅・原一派に閉口している部分があったのは事実です。夫婦仲が悪いとか、親族の方がしょっちゅう会社に電話をしてくるとか、そういうことがあって……。ああいう不器用な生き様も彼の魅力であることは確かなんですがね。

当然、馬場さんからは「お前、パートナーは冬木と川田のどっちにするんだよ？」と聞かれました。そこで本人には悪いんですが、天龍&冬木という組み合わせだと、ファンに「さもありなん」と思われてしまう。でも、天龍&川田だったらファンも驚いてくれて、阿修羅がいなくなったレボリューションにも興味を引かれるんじゃないかと計算が働きました。そういう奇をてらった感覚で、天龍&川田というタッグチームは誕生したんです。

馬場さんは阿修羅が辞めるときも、輪島さんが辞めるときも、あっさりした感じでしたね。馬場さんが突然、「輪島が辞めると言っているんだよ」と言いだしたから、俺が驚いて「ええっ、それじゃ全日本は困るじゃないですか？　引き留めないんですか？」と聞くと、「じゃあ、お前が代わりにやっといてくれよ」と。それで仕方なく俺が電話したんですが、輪島さんは出ませんでした。そのまま馬場さんは2日後にハワイに行ってしまって、その件は終わりです。当時の全日本プロレスは、そんな感じですよ。

俺が全日本に入る前、旗揚げ間もない日本人選手が少なかった時期に、サンダー杉山さんが国際プロレスからヘルプに来ていましたよね。ある日、杉山さんが「馬場さん、こんなのと闘いたくないよ」と、ある外国人選手との対戦を拒んだらしいんです。そうしたら、馬場さんは事もなげに「じゃあ、帰っていいよ」と言い、それにてビジネスは終了。そんな様子をデビューから間もない頃の鶴田選手は間近で見ていたから、「馬場さんは怖い人だ」というのを知っていたんです。

俺はそういう馬場さんの怖さは全然知らなくて、平気で毎晩10万円引っ張ったりしていて、お礼の一つも言わないから、きっと馬場さんも内心では「いつ、この野郎のクビを切ってやろうか?」と思っていたんじゃないですかね（笑）。

**まき代**　原さんとの思い出はたくさんあります。私は京都時代、稼いだお金は車につぎ込んでいて、天龍と交際し始めた頃は真っ赤なフェアレディZに乗っていました。だから、近場で試合があると、会場までその車で迎えに行っていたんです。そのときに原さんも同乗したことがあるんですよ。まだ天龍革命がスタートする前の話ですね。

フェアレディZの座席は普通の人でも狭いというのに、原さんはあの巨体ですから、後ろの荷物を置くところに横向きになって乗るしかないんです。駅まで送るだけだったんですが、もう狭いから5分ほどの道のりをウンウン唸っていました（笑）。2人とも流行に凄く疎いタイプだったので、カーステレオで当時流行していたサザンオールスターズの『チャコの海岸物語』を教えたことを憶えています。

その後、天龍同盟が始まりましたが、全日本を解雇されるに至った原さんの借金の正体は正直、いまだによく分かりません。私たちの前ではそんなに気風が良かった印象はないですし、どこに行っても基本的に支払いをするのは天龍でしたからね。原さんは博打好きだったわけでもなく、オシャレで有名ブランドの服を着ているわけでもなく、私には派手な生活をしているイメージがないんですよ。

87年6月4日、名古屋で天龍と阿修羅・原が共闘を宣言。2日後の山口・長門市トレーニングセンター大会から"龍原砲"が本格始動した。

後に原さんがSWSで復帰することになって、社長に就任したばかりの天龍が田中八郎オーナーに談判して、契約金を用意してあげられることになったんです。そうしたら、原さんの親族という人が出てきて、その契約金を「返せ！」と取っていっちゃったことがありました。

しかもその親族だけでなく、原さんがお金を借りていた人たちが次々と登場してきて、「返せ！」の大合唱になって。私は社長夫人として債権者の方々を集めまして、「満額は払えません。そこまでの金額はありませんから。でも、皆さんに7割ずつ返します。3割は泣いて下さい」と、どこからも追い込みがかからないように処理したことがあるんです。今なら弁護士さんがやるような仕事ですよね。

そこまでやったのに、その後もいろんなところから「給料を差し押さえたいんですが」といった電話が会社にかかってくるわけです。だから、私が「そんなことをできるわけないじゃないですか？　生活ができないと稼げないですよ。そうなると、お金も返せないんですよ」と、ごく当たり前のことを説明したりして。「そんなに追い詰めないで下さい」とお願いしたこともありますよ。

その後、WARになってからは私が経理を担当したので、給料の5割を原さんに渡して、残りの5割を奥さんに振り込むというシステムをとりました。だって、奥さんとお子さんにも生活があるわけじゃないですか？　私もそれまでいろいろ経験していましたから、原さんに給料全額を手渡すなんて無責任なことはできませんでした。

**紋奈**　原さんの記憶は、私の場合はもうWARになってからですね。原さんが引退するとき、父が原さんをボロボロになるまでやっつけて送り出したというのは憶えています。でも、そんなに直接しゃべった記憶はないんですよ。

２０１５年４月28日に原さんが亡くなられたとき、父はマスコミの前でノーコメントを貫きました。私もそばにいて、父が落ち込んでいるというか、テンションが低いなというのは感じていました。そういうときの父は、ちょっと訳の分からないカラ元気みたいな態度をとるんです。1週間ほどして、仕事でカブキさんのお店に行った際に「阿修羅が亡くなっちゃったね……」と2人でしみじみ語り合っていましたね。そのときに思ったのが、父が原さんとの思い出を共有したいのは、母や私でなくて、その時代に一緒にいたレスラー仲間の方々なんだなと。あれだけノーコメントを貫いていたのに、カブキさんには率直な気持ちをいろいろと話していました。

父は自分の父親が亡くなったときにも、涙ひとつこぼさなかったんです。それは悲しくないということではなくて、「目一杯、最後まで付き合ったから」という意識が凄くあるんです。父の独特な感性、死生観のようなものかもしれません。原さんが亡くなった際に「俺は阿修羅と目一杯付き合ったから、後悔は何もしていない」と言っていて、「ああ、おじいちゃんのときと一緒なんだろうな」と思いました。

## 家長のアメリカ遠征中に起きた窃盗事件

**まき代**　結婚して何年か過ぎた頃、祖師谷にマイホームを買い、小さな庭をいじったりして楽しんでいました。しかし、ささやかな幸せは長くは続かず、引っ越すことになりました。理由は、泥棒に入られたからです。

よくよく考えてみれば、プロレスラーはセキュリティー面で弱味を持つ職業なんですよ。なぜならシリーズの日程などが新聞や雑誌で逐一報道されるので、スケジュールが筒抜けなんです。実際に泥棒に入られたときは、スポーツ新聞に「天龍、今日からアメリカ遠征」という記事が出ていました。泥棒は絶対に天龍源一郎の家だと知った上で入ったと私は思っています。

私の財布からはお金が全部抜かれていましたし、指輪や時計や宝石も盗まれました。だから、私は結婚指輪もないんです。天龍の指輪もなくなったはずですよ。大量に貯めてあったテレホンカードも、まるごと盗まれました。金品を中心に、総額で1000万円分ぐらいの被害でした。

ウチの裏の家や一軒置いた家も入られたんですが、天龍の家があると知りつつ、あの辺一体を狙って泥棒に入ったんだと思います。もしかすると、泥棒からすると入りやすい構造だったのかもしれません。

このとき、天龍はアメリカにいたので、私は全日本プロレスの事務所に電話し、米沢さんに「泥棒に入られたから来て欲しい。でも、天龍本人には言わなくていいです。本人が帰ってきたところで、どうなるわけでもないから」と頼みました。

でも、米沢さんは天龍の耳に入れてしまったみたいで、よほど私と紋奈の身を心配したのか、すぐにトンボ帰りしてきましたが、家族の無事を確認して、またアメリカに戻りました。

その後、私が警察に行きましたら、担当の刑事さんは「ご主人が巡業でいないことが多いでしょうから、私が寄るようにしますよ」と言ってくれたんですが……。3日と空けずに寄ってくれるもので、今度はその刑事さんが気持ち悪く感じてしまったんです。

警察の方は泥棒に入られた際の捜査で、家の中の間取りから何から全部知っているわけじゃないですか？　それが逆に怖くなってしまい、私は天龍に相談もせず引っ越すことを決意しました。まだローンも残っていましたが、こうと決めたら私は早いんです。移った先は、世田谷区の桜丘で、小田急線・千歳船橋駅のそばのマンションでした。

でも、帰国した天龍は引っ越しプランを聞いて大激怒です。「なんで買った一軒家があるのに引っ越すんだ？」、「なんで賃貸のマンションなんかに引っ越すんだ？」と問い詰められ、桜丘に引っ越してからは約1ヶ月間も口をきいてくれませんでした（笑）。

**天龍**　家に泥棒が入ったのは、89年2月にオハイオ州クリーブランドでロード・ウォリアーズと組んで、6メンのタイトルマッチをしたときです（天龍&アニマル&ホークがNWA世界6人タッグ王者に認定され、スティング&マイケル・ヘイズ&ジャンクヤード・ドッグを相手に防衛）。あれは全日本プロレスのためというより、日本テレビのための収録用の米国遠征でした。

どうも泥棒の姿を紋奈が目撃して、怖くなってしまったみたいで。コトコトと音がして紋奈が見に行ったら、後ろ向きに窓から逃げて行く姿を見たそうです。そして、女房が帰ってきたら、すでにいろんなものが盗まれた後でした。紋奈が泥棒に危険な目に遭わされなかったことは、不幸中の幸いでしたね。

話を聞いて、俺はすぐに馬場さんに「すみません。自宅に泥棒が入って、女房が情緒不安定になっているみたいなので日本に帰っていいですか？」と言いましたよ。その遠征は第1戦から、そのウォリアーズとトリオを組む最終戦まで2週間ぐらいあって、かなり時間に余裕があったんです。だから、一旦帰国して、馬場さんも元子さんも「もう帰ってこないな」と思っていたようですが、俺は1~2日でちゃんと戻りましたよ。

**まき代**　嶋田家は引っ越しが多く、最初の西麻布のマンションから数えて今の住居は11軒目です。桜丘のマンションには6年間も住んでいたので、現在のところ一番長くいました。

おそらく引っ越しの費用だけで何千万円とかかっているでしょうね。引っ越しが多いのは天龍のせいではなく、私のせいです。1回でも泥棒に入られたりしたら、それがもうトラウマになってしまうから、至るところにセキュリティーシステムを付けようが、精神的にダメなんです。

しかもどこに住んでも天龍源一郎の家というのが徐々に知れ渡って、犯人が何者なのかは分かりませんが、ゴミをぶちまけられたり、車のボンネットにゲロを吐かれたり、ピンポンダッシュされたりするわけです。そういうのが増えてくると、やはり住んでいるのが嫌になってきますし、ご近所にも迷惑になりますからね。そういうのが鬱陶しくなって、引っ越しするんです。

でも、私は天龍に引っ越しを手伝わせたことは一度もありません。よく「プロレスラーだから、引っ越しのときとか重たい荷物でもへっちゃらでしょう?」と言われますが、私の辞書の中に「プロレスラーだから重い荷物を持たせる」という言葉はないんです。

逆にあいう仕事をしているのに、引っ越しで荷物を持ってケガでもしたら、笑われるのがオチです。だから、引っ越しはいつも天龍が巡業に出ている最中に終わらせました。現実問題として、いないほうが作業も早く進みますからね(笑)。

一方、天龍からすると自分がいない間に引っ越しされて、帰る場所がよく分からないという事態に陥るので大変です。大抵、場所選びも物件選びも私が全部やってしまいますからね。引っ越しが終了して何日も過ぎているのに、天龍が酔っ払って前の家に帰ってしまったことは何度となくありました（笑）。

**天龍**　確かにこれだけ何回も引っ越ししているわりに、俺は一度も運送会社の人と顔を合わせたことがないんです。どんなに小さな荷物でも運ばされたことはないですし、新居で荷物の片付けをやらされたこともないですね。

女房が引っ越しの際に新居を選ぶ基準というのがあって、まずは俺が玄関を入るときに頭をぶつけないこと。それと間口が広いことですね。こちらにもいろいろと希望はあるんですが、物件選びに立ち会ったこともないです。全部、女房と娘が決めてきてしまう。

あまり巡業に行かなくなってからは、「今日から引っ越しの作業を始めますから」と言われ、居場所を失った俺は3日ぐらいホテルに泊まらされることになるんです。そして、作業が終わった頃を見計らって電話すると、場所と行き方を説明される。まだ携帯電話がない時代は、いちいち公衆電話から場所を確認して、やっと新居にたどり着いたなんてこともありました。だから、巡業先から新居に初めて帰るとき、何度か間違えて前の家に帰ってしまったことがありましたよ。

## 父と娘をつなぐ授業参観と運動会

**天龍**　紋奈が学校に入ってから、時間があるときはなるべく学校行事にも顔を出そうと心がけてはいました。そこでも、また天龍源一郎を育てる嶋田まき代がいるわけですよ（笑）。

俺自身が「行く」と言っているのに、「今回は行かなくていいよ」と言ってきて、時期やタイミングを巧みに見極めた上でゴーサインを出してくるという感じでした。

もちろん、俺の場合は巡業や興行のスケジュールが優先されてしまうわけですが、たとえば運動会に俺が行けば娘も喜ぶかなと思い、「今回は行く」と自ら参加したことは5～6回はありますね。自分の娘が出ている運動会は充実感、満足感があるものでした。こんな俺でも「ああ、俺は遠巻きながら子どもを見守っているんだな」、「俺は子育てにも積極的な立派な父親だな」と、変な意識が刺激されましたよ。

そこでもやはり偉そうに天龍源一郎を見せている俺がいましたね。「俺は天龍源一郎だ」と。どうしてなのかな……やはり13歳から大相撲の世界にいて、同じく常に人に見られているプロレスの世界に来てしまったから、そういうクセが抜けないんでしょう。あの頃、全日本は地上波のテレビ中継がありましたら、「あっ、プロレスの天龍だ！」と言われたりもしていましたね。おそらく俺自身も「それがどうした？　俺は天龍源一郎だ！」という顔をして立っていたと思いますよ（笑）。

俺がそうやって学校行事に顔を出していたのも良し悪しで、「○年×組の嶋田紋奈のお父さんは天龍源一郎だ」というのが男の子を中心に広がっていって、結局は「プロレスって八百長なんだろう？」みたいな言い方で彼女がイジメられることになる。ウチの娘はそういう時代、状況の中で育ってきたんです。

彼女は自分で選んでプロレスラーの娘に生まれてきたわけでもないのに、常にそういう葛藤にさらされながら生きてきたんですよ。まあ、それが娘であろうと、息子であろうと、職業がプロレスラーではなくプロ野球の選手でも似たような葛藤はあるんでしょうし、避けては通れないことなんだと思います。

しかし、不思議と「学校でこんなことを言われた」と紋奈が俺に泣きついてきたことはなかったですね。逆に「こんなことを言われたから、やっつけた」いうのは、かなり後になって聞かされましたけど(笑)。

**紋奈** 運動会でも授業参観でも、父が来てくれたときは凄く嬉しかったです。スケジュールの都合がつく限りは足を運んでくれていたと思いますね。特に授業参観ではシルエットからして一般人ではないので、その影が廊下を通っただけで「あっ、来た！」と分かりました。

私は一人娘ですが、家庭で私が優先されるという時間が人生の中で一回もないんです。だから、父が来てくれると「今だけは自分が優先されている」、「父が自分のことだけを見てくれている」と感じられた唯一の時間だったので、嬉しいわけですよ。

運動会の場合は、ほかの親子がたくさんいる中に天龍源一郎がポーンと立っているという感じでした。そこに向かって駆けて行ける自分に、優越感みたいなものがありましたよ。とにかく凄い嬉しかった。

私たちの親の年代、特にお父さんたちはプロレスにドンピシャな人が多いので、その子どもたちが「ウチのお父さんが紋奈のお父さんのサインが欲しいって言ってるんだけど」と私に言ってくることとも、たくさんありました。でも、そこで臨時のサイン会にはならないんです。父は基本、ムスッとしていますから。そういうときは「あっ、今日は天龍源一郎じゃないんだな」と。今思えば、天龍源一郎ではあるけれど、嶋田源一郎としても来てくれていたんだなと理解はできます。

それにしては、学校にヤ◯ザみたいな柄シャツを着てきちゃうんですけどね(笑)。どう見ても、あれは普通のシャツじゃない。カタギじゃないですよ。

父は芸能人のようにプライベートで帽子を深く被って変装するといった細工はしません。もう、そのまま「ザ・天龍源一郎」という感じで立っている。でも、あれを選んでいるのは本人ではなく母ですから。「こんなシャツ、よう買うな〜。捕まるで!」というようなシャツをあえて選び抜いて買ってくるんです(笑)。

しかし、あのセンスは独特ですよね。巷では「天龍ファッション」と言われたりしますが、私は陰で「まき代チョイス」と呼んでおります。

私が大きくなってから母と一緒に父の服を買いに行くと、よく喧嘩になりますよ。私が「その柄はうるさいよ」と注意しても、母は「明るいほうがいいじゃん。派手なほうが気分も晴れるし」と言って、まったく聞く耳を持ちません(笑)。

# 第四章　「天龍は金で動いた」とバッシングされた日々

89年6月5日、日本武道館で天龍は鶴田を破り、全日本プロレスの頂点である三冠ヘビー級王座に就いた。さらにスタン・ハンセンとのコンビ〝龍艦砲〟も始動し、7月に世界タッグ王座を獲得。暮れの『世界最強タッグ決定リーグ戦』でも史上初の全勝優勝を果たすなど快進撃を続けた。11月29日、日本武道館における馬場&ラッシャー木村との公式戦では、天龍がパワーボムで馬場から3カウントを奪って勝利。これにより、「馬場がトップレスラーになって以来、初めてフォール勝ちした日本人」の称号を得た。

全日本マットは明らかに天龍を中心に動いていたが、翌90年に入ると状況が急変する。4月7日に天龍同盟が解散。同月19日、横浜文化体育館で鶴田の持つ三冠王座に挑戦して敗れた天龍は、7日後に辞表を提出し、退団が電撃的に決定した。

そして5月10日、東京・ホテルオークラでメガネスーパーの田中八郎社長と天龍が記者会見を開き、SWS（スーパー・ワールド・スポーツ）の設立が発表される。社長は田中氏が兼任し、天龍は取締役に就いた。

しかし、全日本、新日本の双方から豊富な資金力を持つSWSに移籍する選手が続出したことで、メガネスーパーのプロレス参入はマット界全体を揺るがす大騒動に発展する。

良くも悪くも注目を集めたSWSは9月29日に天龍の故郷・福井市体育館でプレ旗揚げ戦を行い、10月18〜19日には横浜アリーナで旗揚げ2連戦を開催して華々しくスタート。新たな試みとして「部屋制度」が導入され、天龍率いる『レボリューション』、ジョージ高野率いる『パライストラ』、将軍KYワカマツ率いる『道場・檄』に選手が分かれたものの、この斬新なシステムは「派閥闘争」へと発展し、団体崩壊の大きな要因となった。

SWSの一連の動きは設立当初からファンやマスコミの間で賛否両論が渦巻き、91年2月には「金権プロレス」と批判していた週刊プロレスに対してSWSが取材拒否を通達する事件も起きている。

同年7月には田中氏が退陣し、天龍が新社長に就任したが、団体内部の人間関係は悪化の一途を辿り、92年5月に解散＝2派分裂が決定。6月19日、長崎国際体育館における興行をもって、SWSはその短い歴史に幕を降ろした。

**まき代**　私は天龍同盟の解散云々についてはよく分かりませんが、その直前、3月の契約更改の時期になって、天龍がやたらとイライラしていたことは憶えています。

本人の中では、やはり大変な時期の全日本を天龍同盟によって身体を張って活性化させ、盛り上げてきたという自負や、日本武道館で興行をやるごとにどんどん客席が埋まっていく充実感もあったと思うんです。ところが、ギャランティーがある程度から一向に上がらないというジレンマもある。いくらかは上がったにしても、その上がり具合が異常なほど低かったんです。

**天龍**　90年は天龍源一郎にとって間違いなくターニングポイントになった年ですね。88年の暮れに阿修羅が解雇になって、それでも川田や冬木、小川たちと一緒に突っ走ってきた。その姿勢はお客さんにも支持されてきたという自負がありますし、レボリューションというものが川田や冬木のポジションアップにも貢献できたと思っています。

ただ、マンネリというわけじゃないんですが、対抗勢力に位置する者ならではの限界も感じ始めてはいました。究極を言ってしまえば、「俺の天下だ！」と言ってジャイアント馬場やジャンボ鶴田を全日本から追放してしまえということなのかもしれないですけど、プロレスはそういうものではないですからね。

そんな中、坂口征二さんが新日本プロレスの社長に就任して、全日本に東京ドーム大会（2月10日）への出場要請が来たんです。

最初、馬場さんはコボすような口調で「新日本が東京ドームをやるから、選手を貸してくれと言ってるんだよ」と。俺はまさか自分が貸し出されるとは思っていないので、「だったら、俺たちはどこか田舎のほうでいいから全日本の意地を見せましょうよ！」と提案したんです。相変わらずアホですね、俺は（笑）。

でも、馬場さんは「坂口が新社長になって初めての東京ドームだから、そう無下にもできないんだよ」と言うわけです。「じゃあ、俺たちはどうすればいいんですか?」と聞くと、「う～ん、貸し出してやろうと思うんだけど……天龍、行ってくれるか?」と言われて。「結局、そこ?」と思いましたが、了承しましたよ。全日本の参戦が決まってから、チケットが1万枚伸びたと聞きましたね。後で新日本から馬場さんにお金が払われて、俺たちはその「おすそわけ」をもらいましたよ。

その後のレボリューションの解散は、会社に何の断りも入れず俺が独断で決めたんです。先のプランは、まるで考えていなかったですね。「このままじゃいけない」というシグナルをまた独断で感知しての行動でした。

そんなモヤモヤした気分の中、今度はアメリカのWWF(現WWE)に全日本と新日本が全面協力する『日米レスリング・サミット』(4月13日)というイベントが東京ドームで開催されて、俺はランディ・サベージとの一騎打ちが組まれるわけですよ。

当時の俺は、派手な演出とパフォーマンスのアメリカンプロレス、特にWWFのプロレスに興味はなかったんです。だから、それほど気乗りしていたわけではなく、全日本で先行きの見えないイライラを抱いたままリングに上がりました。

女のマネージャー(シェリー・マーテル)はギャーギャーとうるさいし、最初は「何だよ、これは?」と思っていましたが、試合が進んで行くうちに充実感のようなものを感じ始めて、「あ、こんなプロレスもあるんだな」と楽しい気分になっている自分がいましたね。プロレスに来てから14年も過ぎて、また新たなプロレス観を植えつけてくれたかのような不思議な感覚でしたよ。

でも、レボリューションを解散した後の「俺は一体どうすればいいのか？」という問題は、結論が出ないまま時間だけが過ぎていきました。馬場さんは気軽に「全日本（の本隊）に戻ればいいじゃないか？」という感じでしたが、俺としては「いや、それはできない」という感情が強かったんです。勝手にレボリューションを解散して、どの面を下げてジャンボ鶴田の下でやるのか。百歩譲って俺自身が納得済みだったとしても、これまで声を枯らして一生懸命に俺たちを応援してくれていた人たちの気持ちの持って行き場がないですよね。

そう簡単には割り切れない葛藤もあるはずですよ。むしろ闘っている俺たちよりも、ファンの人たちのほうが金では買えない感情というものが強かったりもするんです。「今まで『鶴田をブッ殺せ！』と必死に応援していたのに、何であっさりと握手して、その下でやっているんだよ？」というね。

いつの世でもそうですが、プロレスは反体制側にいて、ある程度まで昇りつめてしまうと、行き場所がなくなるんです。だから、長州力が新日本で維新軍を結成して一時代を築き、その後にジャパンプロレスを創って全日本に来たというのも、同じような感情があったのかもしれません。そんな気分が晴れない中で、俺はどこかで「渡りに船」を探していたのかもしれないですね。

**まき代**　天龍は常々「俺はいいから、○○のギャラを上げてやってくれ」と他の選手のことも言い続けてきたんですが、それも反映されることはなかったんです。本人は、それがショックだったようですね。

その年の契約更改の際に「事務所の下の喫茶店で馬場さんが待っていますよ」と言われて、天龍が行ってみたら、馬場さんの口から出た言葉は「次のシリーズのカードはどうするんだよ？」だったと聞きました。さらにショックを受けた天龍は憤って、「今日はこれから用事がありますので」と、そのまま家に帰ってきたそうです。

こうして馬場さんとの間にすきま風は吹いていましたが、この時点でメガネスーパーから話はまだ何もありませんでした。だから、天龍は納得しかねる条件のまま全日本プロレスとの契約を更新してしまったんです。

**天龍**　レボリューションの解散の前に、契約更改があったんです。会社に呼ばれて、開口一番「若い奴らの額は上がったんですか？」と聞いたら、「上がる奴は上がった」とか要領を得ない返答をされたんですよ。レボリューションを経て、若い奴らの立場も変わってきて、輪島さんも抜けたという状況の中での話です。

俺が「ジャンボは何と言ってたんですか？」と問うと、「契約を終えて、すぐに帰ったよ」と。「ジャンボは何か文句を言っていなかったんですか？」と聞いたら、「何も言ってなかったよ」という答えが返ってきて……。

そのときに鶴田選手に対して、「どうして文句を言わないんだよ?」と凄く腹が立ったことを憶えています。会社を盛り上げてくれている選手たちのファイトマネーをもっと上げてやってくれよと。鶴田選手が言わないで、俺が文句を言えるわけがないじゃないですか? 頭に来た俺は「ジャンボがサインしたなら、俺もしますよ」と、ちょっとふてくされた感じで契約を更改しました。

ちょうどサインをしているときに元子さんが来て「源一郎君、お父さんが呼んでいるわよ」と事務所の下の喫茶店に呼び出されて、これはてっきり馬場さんから直々にファイトマネーを上げられなかったことに対して謝罪でもあるのかなと思っていたら、「今度の東京体育館、ラッシャー木村との一騎打ちはどうすんだよ?」と言われましたね。

その言葉を聞いて、俺は「馬場さん、話ってそれですか?」と思わず聞き直しましたよ。悪びれることもなく「そうだよ」と言い放つ馬場さんに対して、俺は「じゃあ、帰ります」と言い残して喫茶店を出ました。そのときは、もう話にならないと思ったんです。そんなイライラが伏線としてあって、4月のシリーズ途中でのレボリューション解散につながっていったんですよ。

## 水面下で進められていたメガネスーパーの新団体計画

**天龍**　SWSの話を初めて聞いたのは……ハッキリとした日にちは憶えていませんね。俺は90

年4月に全日本を辞めて……3月の契約更改も終わり、『日米レスリング・サミット』も終わった後だったと記憶しています。ということは、かなりバタバタと全日本を辞めていることになりますね。

最初にメガネスーパーの話を伝えてきたのは、それまで俺とは何の接点もなかった若松市政（将軍KYワカマツ）さんか、相撲時代の同期生で全日本でも旧知の仲だった桜田一男（ケンドー・ナガサキ）だったと思います。正直なところ、メガネスーパーがどういう会社かリサーチしたこともないわけですから、雲をつかむような話として聞いていましたよ。

とりあえず家に帰って「こんな話が来たけど、どう思う？」と女房に振ってみたら、その反応は疑心暗鬼というか、眉唾というか、「へえ、そんなこともあるんだね」とプロレス界でよくある与太話だと受け取っていた様子でした。

**まき代**　メガネスーパーの話が出始めたとき、紋奈はまだ小学校1年生でした。学校に上がって、これからお金のかかる時期ではありましたが、もうそれなりに天龍が稼いでいたので、経済的に困っている状態ではなかったんです。あの頃は試合数も多かったですし、サイン会などの臨時収入もあって、普通のサラリーマンの方の家庭よりはいい生活をしていたと思います。

でも、あのときは天龍が「お金の面で自分の評価がされなかった」、「若い選手たちの待遇を良くしてあげられなかった」という現実があってイライラしていたのと、メガネスーパーが誘い始めていたのがちょうど重なってしまったんですよ。後になって思えば、そういった部分も調査した上でのスカウトだったのかもしれません。

そんな時期だったからこそ、天龍本人も「俺のことをそんなに評価してくれるのなら」と、どんどん精神的に迷い込むわけです。それ以前から天龍同盟が倦怠期に入っていて、本人は誰と闘っても精神的につまらないわけですよ。

もちろん、妻の立場からすれば、お金はないよりもあったほうが嬉しいです。ただ、私はどうしてもＳＷＳに行って欲しいとは思いませんでした。

天龍からは「俺は一家の長だから、自分を高く評価してくれるところに行こうと思うんだよ」という相談はありました。でも、ひたすら迷っていましたね。一番悩んだ点は、やはり師匠である馬場さんとの関係でしょう。あの人は、本当に馬場さんのことが大好きでしたから。「大好き」という言葉では済まないぐらい好きなんだと思います。それは相性なのかもしれませんし、人間的に魅かれる何かがあったんでしょうね。そばにいて馬場さんのいろいろな顔もたくさん見てきたとは思いますが、そういうものも含めて天龍は「馬場さんのことが大好き！」という人ですし、今でもそうだと私は思います。

だから、あのときは誘われてはいるけれども、馬場さんに対する順番を間違えるのは嫌だから返事は保留のままという状態が続いていたと記憶していますね。

## 野望に燃える田中八郎社長との初会談

**天龍**　若松さんや桜田からSWSの話をもらったときに、俺は「馬場さんのOKをもらうまでは返答はできない」と保留にしておきました。そして、馬場さんからの返事は「俺からはイエスともノーとも言えない」というものでした。

メガネスーパーから来た話はまだ正式に決まったわけでもないですし、この状況でどちら側からも「いらない」と言われたら、俺はプロレス界から身を引かなきゃいけなくなるわけです。そんなときに誰が間に入ったかは忘れてしまったんですが、「社長の田中八郎さんと会ってみませんか？」と言われたんですよ。

ところが、いざ会ってみたら田中氏は目を輝かせて「格闘技をやりたい」と言うんです。俺は若松さんや桜田から「メガネスーパーがプロレスに参入する」と聞いていたので、「えっ、格闘技ですか⁉」と。さらに「試合が終わった後、足腰が立たないくらい凄いことをやって欲しいんです」と言われましたよ。

これはどうも話が違うなと思いつつ、俺は「ああ、そうですか」とだけ答えて、「メガネスーパーがやりたいのはプロレスではないんですか？」と頭に充満していた疑問を投げかけると、今度は「ああ、プロレスもですよ」と田中氏は事もなげに言い切りました。

そのとき、「格闘技をやりたいのでしたら、前田日明なんかをスカウトすればいいんじゃないですか？」と言ったことを憶えています。そうしたら、また事もなげに「前田さんも後から来ますから」と言われたんですよね。さらに念押しするように「僕が今やっているプロレスでいいんですか？」と聞くと、「ええ、そのままでいいんです」と言うので、俺は「それなら協力しますよ」と答えたんですよ。「ただし、この話はまだ馬場さんにしていないので、ちょっと待ってください」と、その日はそれ以上の具体的な話はなく別れましたね。

**まき代**　その時点で、天龍はＳＷＳというものを全日本プロレスと関係した団体にしようと考えている様子でした。とりあえず自分はＳＷＳに移って、そこから全日本と対抗戦などに持って行こうというプランです。だから、ＳＷＳに行くことで、馬場さんと袂を分かつことがないように慎重に考えていたということですよね。

あの当時、実際に全日本内部のマッチメークが手詰まりになっていたことは確かだと思います。そこで天龍もそういう考えに至ったんでしょう。あの時点で慎重居士の馬場さんがどこまでメガネスーパーのプロレス進出について調べていたかは分かりませんが、天龍がその話を持ち出した途端にいろいろと具体的な条件などが提示されて、挙げ句の果てには「天龍を全日本の社長にする」という話が出てきてしまったんです。

プロレス界ではよくある話ですが、天龍は待遇や条件を吊り上げるためにＳＷＳから誘われている話を使おうとしていたわけではありません。結局、自分も含めて若い選手たちのギャランティーも上がらないまま、マッチメークも手詰まりのまま、閉塞感でいっぱいだったはずなのに、ＳＷＳの話が出た途端、馬場さんが「あれもできる」「これもできる」と言いだした現実に、天龍の心はさらに全日本から離れていったように感じました。

社長就任まで持ちかけられて帰ってきた天龍は、「じゃあ、ジャンボはどうするんだよ？ そんな板挟みの中で俺に社長をやらせるのか？ ジャンボは先輩だし、ランクだって俺より上だし、世間的に考えてジャイアント馬場の跡を継ぐのが一つ飛ばして天龍源一郎というのはおかしいだろう？」と吐き捨てるように言っていましたね。その当時、鶴田さんとは勝ったり負けたりのライバル関係にありましたが、あの人の中では「馬場、鶴田、天龍」という序列は、まだまだ絶対的だったんです。

それからしばらく、天龍はずっとふさぎ込んで悩んでいました。「いくら俺が何もできなくても、全日本に残って馬場さんを支えなきゃダメだろうな」と言い出したり、いろいろな感情が胸によぎっていたんでしょう。

その一方で、40歳を過ぎて自分には女房、子どももいるし、体力勝負のプロレスは長くできる職業ではないということも頭にあったようです。実際に、あの時点で身体は結構ガタがきていました。「病院に行くのが怖い」とも言っていましたね。

試合で全身がボロボロになって帰宅する姿を間近で見ている家族からすると、ファンの方とはまた違った心配事も多いんです。世間からいろいろ揶揄されつつも、ケガはするし、ドクドクと赤い血が流れているわけですから……。

あの90年3月の契約更新のときに馬場さんが天龍と向き合ってくれて、一定の評価をしてくだされば、また違った結果になったんじゃないかと今になって思います。天龍は本当に全日本を出ることなんて微塵も考えていなかった人でしたから。

**「メガネスーパーから契約金も出る。紋奈もこれから大きくなるし……」**

**天龍**　やはりプロレスラーという職業は、常に新しい闘いを求めているものなんです。最終的に、俺は自分のことを評価してくれているSWSへの移籍を決断しました。女房は「仮にSWSに行ったとして、エースとしてやっていくという確証はあるの?」なんて話をしていましたね。間に入ってくれていた人も、それまで女房が知らなかった名前ばかりでしたから、「そんなおいしい話に乗っかっちゃって大丈夫なの?」と不安を感じて疑っていたんだと思います。おそらくそういう気持ちは俺よりも強かったはずですよ。

でも、まったく埒が明かない状態でモヤモヤしていた俺からすれば、スッキリする話であったのは事実ですよ。レボリューションを解散して、全日本プロレスの中での位置づけも今後の展開も先行き不明になっていたときでしたから、そういう意味でもSWSが「渡りに船」だったことも確かです。

女房には「契約金も出る。紋奈もこれから大きくなるし、いいんじゃないか?」と言いましたよ。女房からは「あんた自身はどうなの?」と聞かれ、「俺は一家の長だから、それでいいんだ」とだけ答えました。この契約金云々の部分が後に週刊プロレスで「金で動いた」という結論に結び付けられてしまうことになるんですけどね。

家計を預かる女房の手前では格好つけてそう言いましたが、俺の中ではプロレス入りからの師匠である馬場さんに筋を通すことがすべてにおいて先決でした。

俺が最初に馬場さんにその意志を伝えた場所は、京王プラザホテルでした。ちょうどアンドレ・ザ・ジャイアントが来日中のことです。馬場さんが部屋でアンドレと話をしているときにノックして中に入り、全日本プロレスを辞めることを伝えたら、「メガネスーパーに行くのか?」と言われましたね。俺は「行きます」と答え、そこからいろんな話になって馬場さんはイエスとも何とも言わなくなってしまったので、その日はそれで帰りました。

その翌々日、今度は日航ホテルで馬場さんと会い、ホテル内の俺の知っている寿司屋で飯を食ったのが先だったのか、馬場さんが常駐するキャピトル東急に行ったのが先だったのか……ちょっと記憶が定かではないんですが、とにかく俺はキャピトル東急で馬場さんに土下座しましたよ。「いろいろなことを言われますが、ここは気持ち良く辞めさせてください」と誠意をもって話しました。

馬場さんはそのとき、俺を次期社長にするようなこともチラつかせつつ、残留を促そうとしてくれたんです。でも、俺は「馬場さん、そんなことを言っても、『こいつはあのとき、辞めると言った男だな』ということを忘れない性格でしょ?」と言ったのを憶えていますね。「だったら、もう右か左しかないじゃないですか?」と。

結局、馬場さんが了解してくれて、そのときは元子さんは一切口を挟まなかったです。一部のマスコミには「源一郎君が辞めると言い出して困っているのよ」とチラチラ話していたらしいんですが、馬場さんはその場で周辺にいた新聞記者などに「まだ書くなよ」とクギを刺していましたね。

やっとスッキリして家に帰ったら、もう共同通信なんかに「天龍、裏切り！」という内容の記事が出ていました。そこが全日本とSWSの因縁の始まりですよ。俺からすると、「言っていた話と違うじゃないですか？」ということになる。

でも、まだ田中八郎氏ときちんと契約も交わしていないし、何も細かい話をしていなかったんです。だから、その時点で田中氏から「天龍はいらない」と言われたら、俺はもう廃業するしかないわけです。あの当時は新日本と全日本の間に選手の引き抜きを防止する協定が結ばれていて、俺が新日本に移籍するという選択肢はないですし、だからといって新団体旗揚げなんて発想もありませんでした。

あの頃、前田日明が新生UWFを旗揚げして大成功を収めていましたが、あれは従来のプロレスではなく、ああいう形式の新しい興行システムで新しいものをやったから集客ができたんです。あの時点で天龍源一郎が新団体を興して、従来のプロレスをやりますと言ったって、すぐにポシャらされていると思いますよ。

ファンの人はどう思っていたかは知りませんが、我々の年代のレスラーは国際プロレスがダメになったのを目の当たりにしているわけです。だから、あの当時はまだ「ヘタな辞め方をすると廃業」という恐怖感が常にチラついていました。

実際に田中氏と会ってから以降、メガネスーパーから具体的な条件の提示などもなく、交渉自体がストップしているような時期でしたから、「ハシゴを外されたのかな？」と疑心暗鬼になっている部分もありましたよ。女房と2人でいても会話もなく、1日に3時間程度しか眠れない日々が続きましたね。

馬場さんが経営者として迅速だったのは、俺が最初に京王プラザで「全日本を辞めたい」と伝えた翌日には、もう全選手を集めて「天龍がメガネスーパーに行くから辞めると言っている。お前らはどうすんだ？」と、みんなに聞いているんですよ。その辺はさすがですね。バカ正直に筋を通すことばかり考えていた俺が甘かったのかもしれません。

**まき代**　天龍は、馬場さんとキレイに別れたかったんだと思います。最後までその一点に強くこだわっていましたから。結局、全日本とは裁判まですることになるんですが、馬場さんと天龍の間では何もなかったはずなのに、あちらから天龍が辞めるという情報が出たことで関係がこじれてしまったんです。

SWS移籍は単なるヘッドハンティングですよね。プロの世界なので、「年俸を○倍にするから来ませんか？」と誘われたら、条件さえ合えば誰でも移籍しますよ。それがプロスポーツ選手というものじゃないでしょうか？　それなのに、あることないことを書かれてバッシングの雨アラレでした。

## 「お父さんが馬場さんと喧嘩して、全日本プロレスを辞めました」

**天龍**　馬場さんが全選手を集めた際、俺は「裏切り者」とされていたようですが、辞めることが決まった以上、主力の全選手に電話して報告しました。まだ携帯電話はない時代でしたから、自宅に連絡を入れましたよ。

内容は「全日本を辞めることになったけど、頑張ってくれよ」という感じです。みんな手短に電話を切りたがっていましたね（笑）。その中で「俺も連れて行ってくれ」という話はありませんでした。そこは馬場さんも「天龍がメガネスーパーに行くけど、お前らもファイトマネーを上げてやるから」と用意周到に先手を打っていたみたいです。

昔からいる場所で、何もしないでファイトマネーが上がるんなら、誰だってわざわざ動くことはないでしょう。結果、長年、馬場さんに交渉し続けてきた若い選手たちのギャラアップの要求は、皮肉なことに俺自身が全日本プロレスから姿を消すことで初めて実現したわけです。「これが本当のレボリューション」というオチをつけたんですよ（笑）。

このSWS騒動のときに、馬場さんと坂口さんの間で話し合いでもあったようで、新日本プロレスも一律ギャラアップしたそうです。何もしなくてもギャラが上がったんですから、俺こそが真の「レインメーカー」ですよ。本当に業界全体に金の雨を降らせましたから（笑）。

**まき代**　天龍は「選手は誰一人として引き抜きません」と言っていましたが、現実には約1名だけは引き抜きました。それは当時、天龍の付き人をやっていた折原昌夫選手です。当時、まだ彼は全日本の合宿所に住んでおり、自分が付いていた天龍がSWSに行くことになって、先輩からのイジメがひどかったらしいんです。そこで私たちが道場を出るように命じ、ホテルを借りて、ずっとそこに住まわせていました。言わば、囲っていたような状態です。もし何もなければ、誘わなかったでしょう。

確かにSWSは金銭面の条件が良かったんです。でも、先がどうなるか分からないのがこの世界ですから。一人ならどうにでもなりますが、他の選手もそれぞれ家庭があったり、天龍のように「裏切った」などと言われてしまうので、誘うようなことは止めようと決めていました。だから、結論から言いますと、他の皆さんは自分の足でSWSにお見えになったんです。レボリューション所属になった選手や、今は新日本プロレスで活躍しているレッドシューズ海野レフェリーもそうです。

ただ、天龍は後になってから、「実は（和田）京平ちゃんも誘った」と言っていましたね（笑）。詳しいことは分かりませんが、当時の海野レフェリーはまだキャリアが浅かったので、もしかしたら自分の試合を裁いていたレフェリーが必要だと考えたのかもしれません。

**紋奈**　父が全日本プロレスを辞めたのは、小学校1年生のときでした。私は学校の朝のホームルームで「お父さんが馬場さんと喧嘩して、全日本プロレスを辞めました」と発表したんですよ。特に喧嘩もしていなかったはずなんですが、その頃すでに私もマスコミに踊らされていたんですかね（笑）。

全日本を辞めるということは、父から直接聞いてはいないかな？　周囲の誰かに言われたような記憶がありますね。学校に着いたら、「あっ、大事なことがある。言わなきゃ！」とスイッチが入りました。

もしかしたら、夕食のときにでも私が「なんで全日本を辞めたの？」と聞いて、父が「馬場さんと喧嘩したからだよ」と言ったのかもしれないです。父はそういうブラックジョークが好きですからね。そういうのは日常茶飯事で、何が本当か嘘なのか分からない状態で私は育てられていましたから（笑）。

その日の夜、さっそく担任の先生から「どうされたんですか？」と家に電話がありましたよ。

## 田中社長が「藤波辰爾も来ますから」と言い出して……

**天龍**　ＳＷＳに移籍することが決まったとはいえ、よくよく考えたら選手は誰がいて、どういう興行形態でやっていくといった話を一切していなかったんです。今考えたら、凄い話ですよね。
メガネスーパーの本社は神奈川県の小田原市内にあり、田中社長を交えて会議などをやる場合はそこに集合することになるんです。一番最初にミーティングに呼ばれたとき、新横浜駅から新幹線に乗って小田原駅で降りたら、タクシー乗り場に新日本プロレスの佐野直喜（現・巧真）選手がいたんですよ。

「小田原に何しに来たんだ?」と思いつつ、「おい、佐野、どうしたんだよ?」と声をかけたら、「あっ、お疲れ様です!」と。その後、別々のタクシーに乗って別れたら、佐野も同じ場所で降りました。だから、その時点でも俺はSWSに誰が来るというのはまったく知らない状態だったんです。

それから「○○が来る」、「△△が来る」と聞かされて、1ヶ月ぐらいが過ぎると所属選手が俺の知らないところでどんどん増え続けていました。旗揚げ前にメンバー表を見て、「ここは早急に潰れるな……」と直感しましたよ。

個人的には「北尾光司が新日本を辞めた」と聞いていましたし、外国人選手の招聘など、そちらのほうに早く着手して欲しかったんです。せっかく大企業のメガネスーパーが付くのであれば、絶対にその名前に傷をつけてはならないし、試合に関してはWWFのようなスケールの大きいショーを見せたいとイメージしていました。でも、次々に集まってくるメンバーを見て、「これはダメだな……」と思いましたね。

カブキさんからは「源ちゃんが行くなら、俺も行くよ」と言われたんですが、まだSWSの詳細を知らない時期でしたから、「いや、カブキさんは全日本に残ったほうがいいですよ」というやり取りだけで終わっていたんです。その後、俺が主力の全選手に電話し終えた頃にまたカブキさんから電話があって、「やっぱり源ちゃんがいないと面白くないから、俺もメガネスーパーに行くよ」と言ってくれたんですよね。

あのとき、カブキさんは鶴田選手とベルト(世界タッグ王座)を持っていたんですよ。だから、全日本側の反応も心配ではありました。そこで田中社長にカブキさんの件を相談したら、あまりにもあっさりと「ああ、いいですよ」と言うんです。「この人は今まで物事を断ったことがないいんじゃないか？」と思うぐらいあっさり了承しましたね。実際に田中社長は、何事に対しても「いいですよ」と言う人でした。だから、有象無象がＳＷＳに集結しちゃったということですよ。

さらにその後、田中社長は「藤波辰爾も来ますから」と言い出したので、さすがに俺も「それはマズいよ」と思いましたね。新日本プロレスから藤波選手まで引き抜いたら、プロレス業界が揉めるのは火を見るより明らかですよ。だから、俺は「新日本といろいろと揉めて大変ですよ」と忠告のつもりで言ったんですが、田中社長は「いいんですよ。大丈夫ですから」と平然としていました。そうなると、こちらとしては「ああ、そうですか」と言うしかない。他にも田中社長はそういうことを平気で言っていましたね。

その頃、田中社長のご自宅にも行ったことがありますが、「いい家に住んでいるものだな」、「メガネを売って、こんなに儲かるものなんだな」と漠然と思いました。みんながコソコソと頻繁に「小田原詣」をしているなんてことは、かなり後になって知りましたね。当時は露ほども知りませんでした。

昔、馬場さんはアントニオ猪木さんに「佐川急便の佐川清会長がプロレス好きだから、一緒に挨拶に行きましょうよ」と誘われ、言われるがままに京都まで行ったら、その場で猪木さんが借金の申し込みをしたそうです。馬場さんは「猪木の野郎、借金を申し込むために俺まで引っ張り出しやがって！」とメチャクチャ怒っていましたよ（笑）。こういうのは、プロレス界の「あるある話」です。

**まき代**　ＳＷＳの頃は時代がまだバブルだったということもあるんでしょうが、我が家も生活はガラリと変わりました。嶋田家がもっともバブリーだった時期ですね。ご存じの通り、その状態が何年も続いたわけじゃないんですが……。

それにしても、ＳＷＳに移ってお金を持った天龍はもう……ダメでしたね。本当に計画性のない人だなと思いました。

銀座のお店に飲みに行って、１万円札を鷲掴みにしてバラまいたり、喜んでいるホステスの胸元にお札を入れたり、面識のない初対面のホステスにタクシー代として何万円もあげたりしていたようです。その頃、ウチの弟がよく同行していたので、それを一部始終目撃して「おかしいよ」と怒っていましたね。そんな話を聞いても、「別にいいじゃん、自分の身体を痛めて稼いだお金なんだし」と言っている私もいました（笑）。

あの時期、私も株に手を出して、○千万円も損してしまったこともあります。この資産を少しでも増やそうと、下心を出してしまったんですよ（笑）。もともと株は好きで、天龍がＳＷＳに行く前から金額は少ないながら、ちょっとやってはいたんです。その頃は紋奈も小学校に行き始めて時間がありましたし、ＳＷＳからお金が入ってきちゃったので、つい「注ぎ込んじゃえ！」と（笑）。

SWSの頃に、天龍にはクレジットカードを持たせることにしました。おそらく、初めてのカード体験だったはずです。本人は「財布からお金が減らないよ」と言っていましたからね（笑）。といっても、別に倹約家になったわけではなく、後になって月に○百万円の請求が来ていました。だから、天龍にとっては財布から現金が減っていって目に見えて分かるほうがいいと判断して、結局カードは取り上げることにしました。

その頃も折原選手が付き人をやっていたんですが、私は毎日、彼に電話して「今日はいくら使った？」と事情聴取するわけです。そして、「大将からキャッシュカードを預かって、そこからお金を出してきて。昨夜使った分だけ私が補充しておくから」と告げるのが巡業中の日課でした。そうしたら、折原選手は怒られると警戒したのか、実際には50〜60万円ぐらいは使っているのに、「いや、そんなには……メンバーも少なかったですし、30万ぐらいじゃないですか？」と言うわけですよ。私としては天龍源一郎の妻の心得として「減った分をまた補充しておかないと、翌日にまたいい格好ができないじゃない？」と思って聞いていたんですが……。その過少申告の事実を知ったのは、天龍プロジェクトを旗揚げした後のことでした。

それもこれも「天龍源一郎を一等賞の男にしたい」という私の願いからです。私の中では「前後左右を考えないで、お金を使える」というのが一等賞の男なんですよ。馬場さんだって、ちゃんと考えてお金は使っていました。もちろん天龍だって考えて使わなければならないんですが、そこに私の変なこだわりがあるんです。

昔は「あんた、相撲の世界に入ることになって13歳で福井から出てきたとき、何を持ってい

SWS時代、自宅にて飼っていた猫と戯れる天龍。

た？　カバン一個でしょう？　だったら、何もかも失ったとしても一緒じゃない。稼いだ時に全部使っちゃえ」と夫を焚きつけておりました。今となっては反省しております（笑）。

**紋奈**　今考えてみれば、SWSに移った頃に住んでいたマンションは凄かったです。あれはヤバいですよ。引っ越したときに子どもの私も驚きましたから。

まずマンションの入口に40畳くらいのロビーがあって、父はそこでいつも取材を受けていましたね。家の中のリビングも、ぶち抜きで30畳ぐらいありました。家政婦さんがいて、猫も3匹飼っていて、今でいうセレブ生活ですよ。

駐車場に行けばベンツが2台あるし、どこからどう見ても金持ちの生活です。

そう思うと、ウチの両親は分かりやすい性格ですね（笑）。家が広かったから、父と仲が良いキング・ハク（プリンス・トンガ）さんとか、よく来日中に泊まりに来ていました。

毎日が成城石井のような生活だったので、小学生ながら漠然と「ウチって金持ちなんだな」とは思いましたが、私学に通っていたので、学校に行っても周りはお金持ちだらけだったんです。だから、特に違和感はなかったんですけどね。

## 虚空の状態でリングに上がっていたSWS時代

**天龍**　そんなこんなでSWSは豪華に旗揚げしたんですが、まるで充実感がなかったですね。レスラーとしての不満を常に持っている感じでした。

じゃあ、何をもってプロレスラーしての満足感を満たしていたかというと、一流のホテルの泊めてくれて、一流の待遇をしてくれるということ。そんなスタッフの動きに呼応して、頑張らなければならないと自分を鼓舞することしかなかったです。

だから、リングの中は「無」とか「空」ですよ。虚空の状態でリングに上がって、お客さんには申し訳ないなと感じていました。だから、今でも「SWSの頃に応援していましたよ」と言われると、悪いことをしてしまったなと感じてしまうんです。

会場ではメガネしか売ったことがないメガネスーパーのスタッフの人たちが座席に席番を張ってくれたり、実に一生懸命に働いているわけですよ。陣頭指揮をとられている田中八郎社長の奥さん（常務の由子夫人）もそうでしたが、そういうスタッフが頑張っている光景を目にすると、「もっとレスラーが頑張らなくてどうすんだよ？」と自らを鼓舞している俺がいましたよ。

確かに割り切って、「これだけ十分なファイトマネーをもらっているんだから、いいじゃない？」という考え方もありますよ。だけど、そこまで割り切れない自分がいたんです。

この時期、家族にあれこれと細かい相談はしていませんでしたが、おそらく女房は戸惑っていたと思いますよ。毎週土曜日になると小田原でミーティングがあるからと出かけて、帰宅して俺がその場で出た話を伝えると、今までとはまるで違う浮世離れした景気のいいことばかりを聞かされるわけですから、女房としては不安のほうが大きかったと思います。

女房だって俺と結婚して多少は興行の世界というものを知っているわけですから、こんなにもプロレスのためにお金を投じて、それを回収できるわけがないと。女房は昔からそういう判断ができる人間でしたからね。「いずれ破綻する」と思うほうが自然でした。

今にして思えば、メガネスーパーは凄い金額をＳＷＳに投入していたんだと思いますね。新横浜の道場にはよく練習に行っていましたが、末期の頃は試合数が少なすぎる弊害で、あまりにみんなが下手なままだったから、道場マッチを開催したんです。それに出場させられた北尾が文句を言っていましたよ。月に2～3試合しかなくて、高額のファイトマネーをもらっていたのに、試合数が増えていくと思っていたみたいですね。

プロレスラーという人種は、身の丈に合わないファイトマネーをもらっていても文句ばかり。最後はそういう構図に田中氏やメガネスーパーの人たちは疲れたんじゃないですか？　それにお金を出せば出すほど、週刊プロレスに叩かれるということにもね（笑）。あの頃は週刊プロレスも駅売りとか拡販に乗り出していた頃だったから、その勢いに負けたのかもしれないですね。

**紋奈**　ＳＷＳの頃は、バッシングがひどかったです。それは小学校低学年の私にも分かるレベルで被害がありました。

まずは自宅でピンポンダッシュが多発しましたね。車の窓ガラスも割られましたし、近所の子どもたちが囃したてるようなこともたくさんありました。

こっちも頭に来て、犯人探しのために街の中を駆けずりましたよ。やっと犯人を捕まえて、引きずり回してやったりしたんです。今で言うなれば、単なるヘッドハンティングに過ぎないことなのに、全日本プロレスからＳＷＳに移籍したというだけで、悪事に身を染めているみたいな感じの報道をされて許せませんでした。

まだ子どもだったので深い事情は分かりませんでしたが、私は娘ですから、そこは勝手に潔白を信じていたんです。親に対して信頼はありました。今もそうですが、父と母にとって害になる人は私の敵というシンプルな図式です。

今ではもう過ぎたこととして父と母は大人の対応をしていますが、私は「そうは行くかい！」と許してはおりません。嶋田家の斬り込み隊長みたいな感じですよ。だから、母から「紋奈は品がない」と言われてしまうんですが（笑）。

## プロレスラーとしてSWS時代の唯一の利点

**天龍**　SWSの試合スケジュールだとオフが多いから、家のテレビで他団体の試合を「負けちゃなるまい」と思って観ていました。悔しいかな、やはり負けていましたよ。

実際にSWSで試合をやっていて、俺自身が全然楽しくないんだから仕方ないですよね。俺がいなくなった全日本プロレスで後に四天王と呼ばれた三沢たちが急激に伸びてきているのを見ると、「頑張っているな」と思うと同時に羨ましかったというのが正直なところですよ。

全日本プロレスで育った俺からすると、試合をする場が減るというのがもう精神的にダメなんです。舞台に声のかからない役者みたいなものですよ。だから、ひたすら後悔していましたね。SWSに行って、しばらくしてから「ああ、これはヘタを打ったな……」と。だから、ことさら夜の街で遊んだり、「俺は金を持ってるんだぞ！」みたいなところを見せつけてウサを晴らしていました。それがまた非難される元にもなっているんですけどね。半分ヤケになって、「だから、何なんだよ?」という感じでバカをやっていましたよ。

それまで年間120～130試合もやっていた人間がいきなりそういう状態になると、やはり悶々とする部分が出てきてしまうんです。それまで巡業に次ぐ巡業で家にもいなかったのに、SWSの日程だと家にいる時間が格段に長くなる。それがまた長年、全日本プロレスで培ってきた家庭での生活リズムを狂わすんですよ。

よく「金だけで満足感は得られない」と言いますが、まさにその通りでした。それだけでは男の満足感は得られないということを学びましたよ。それがＳＷＳでの数少ない収穫ですかね（苦笑）。

試合数が多くてファイトマネーも多ければ、自分の中で満足感につながったと思いますが、全日本時代との試合の数や質のギャップが、自分の中にある漠然とした不安をチクチクと刺激してくるわけです。

「こんなことをしていていいのか？」、「こんな待遇がいつまでも続くわけがないだろう？」という漠然とした不安ですよ。言わば、虚無感というヤツですかね。ガキの頃から肉体を使って生きてきた人間にとっては、ついつい「こんな人生はあるわけがない」と思ってしまうわけです。特にプロレスは相撲と違って勝ち星や番付といったハッキリと成績や序列が分かるものがないだけに、ただ収入だけがアップしていくことに対する不安が俺を悩ませてくれました。

あの頃は女房に「俺は一体何なんだよ？」、「俺はプロレス界のどこにも居場所がないじゃないか？」みたいな愚痴をこぼすと、「何を言ってんの、この人は？」という顔をされていました。稼ぎは以前よりも良くなっているというのに、家庭の中でもポジションがないというか、どうにもあやふやな感じになっていたから、そんなつまらない言い方をしちゃったのかな？　女房もあの時期の俺には戸惑っていたのかもしれません。そんな俺に対して、「すみません」みたいな言い方をしていましたよ。全然悪くないのに。

娘との交流にも戸惑っていましたね。今まで家にいなかった父親がゴロゴロしているわけですし。ＳＷＳのおかげでヒマだけはありますから、家族で旅行に行ったりして、そういう面で

SWS時代にはテレビ番組の収録のため、夫婦でスペインを訪れた。

は良かったのかもしれません。だけど、俺の中では常にそういう生活に物足りなさも感じていました。

ただ、ヒマがあることの利点は、身体作りに関してはありましたよ。試合はしないで練習ばかりしているわけですから、あの時期は体重も１３０キロまで増えて、おそらく人生で一番いい身体をしていましたね。あの頃の写真を見ると、惚れ惚れするような身体をしていますよ。ハルク・ホーガンと闘っても、何ら遜色ない身体つきでした。あれは41～42歳ぐらいのときですか。力士時代でも１１０～１１２キロ前後でしたから、格闘生活の肉体のピークはあの時期だったということですね。

そんな悶々としていた時代でしたが、開局から間もないＷＯＷＯＷの加入者を増やしたのはマイク・タイソンのボクシングとＳＷＳの中継だったと自負していますよ。

**紋奈**　あの頃、何よりもつらかったのは、父が家にいて凄く機嫌が悪いというか、良くない空気を発散させていたことですね。特に全日本を辞めてから、ＳＷＳまでの間は機嫌が悪かったと記憶しています。
　ＳＷＳ時代の父は、表情も凄く厳しかった。基本的には穏やかな人で、弱者に対しても強く出るタイプの人間ではないと思うんですが、この頃は常に厳しい表情でした。やはりＳＷＳ移籍をバッシングされたことが響いていたんですかね？　まあ、怒っている表情が印象に残っているというのは、私が一番イタズラを繰り返していた時期だからなのかもしれませんが（笑）。

## なぜＳＷＳはたった2年で崩壊・分裂したのか？

**まき代**　天龍は、トップを張ったことのない人が作る対戦カードを決して良しとしないところがあるんです。「前座のポジションしか経験していない人間に、メインイベントのカードが作れるのか？」という考えがあるんですよ。やはり上を知っている人、少しでもそういうポジションで仕事をしたことのある人がやるべきと。
　だから、ＳＷＳは部屋制度の名の下に3派に分かれてやっていましたが、大筋のカード編成はカブキさんや天龍が主にやっていましたね。

**天龍**　ネガティブなことばかりのＳＷＳでしたが、全日本プロレス時代からお世話になった佐藤昭雄さんが間に入ってくれて、WWFの選手がリングに上がっていた頃は豪華なラインアップだったと思いますよ。俺が渡米して直接、ビンス・マクマホンと話をして契約をまとめてきたんです。これでメガネスーパーという大企業に傷がつかなくて済みますし、「プロレスに参入して良かった」と思わせられると安堵しましたよ。

それでも違う派閥の連中は、「その辺の余っているレスラーや現地で食えないで困っている外国人レスラーを呼んでくればいいじゃないか?」という実にチンケな物言いをしていました。でも、そんなことをやっていたらメガネスーパーに恥をかかせるから、俺もそこだけは絶対に譲りませんでした。

でも、俺が勝手にWWFと契約しに行って、また反対勢力の連中の批判を浴びて。そういう会社だったんです。WWFとの年間契約料は、100万ドルでした。「天龍はいらん金を使いやがって!」と非難が集中しましたが、「SWSのステイタスは保っただろ?」と言ってやりたいですね。あの頃は1ドル=80円程度の時代でしたから、たかだか年間8000万円じゃないですか? 宣伝費だと思えばいいじゃないかと俺は思っていました。

とにかくプロレスに参入してくれたメガネスーパーに対して、「チンケなことをやってるな」と思われるようなことだけはしたくなかったですね。それは全日本時代と一緒で、「とにかく恥だけはかかせちゃいけない」という意識だけは妙に強かったんです。

結局、くだらない派閥抗争の末、田中八郎社長がサジを投げる形で俺が新社長に就くことになり、田中氏はSWSのオーナーという形に収まりました。要は、オーナーがすべての派閥の話を聞いていたんです。あの「いいんですよ」という調子でレスラーたちのしょうもない言い分を聞いてしまって、さらに話がグチャグチャになるという悪循環でしたね。

そこで困ったから俺が新社長に任命されてしまったんですが、この段階に来て俺を社長にしても、あんな連中をまとめきれるわけがないんですよ。新体制になっているというのに、まだオーナーの田中氏に余計なことを直訴しようと小田原詣をしている連中も後を絶たなかったですからね。

**まき代**　天龍がSWSの社長に就任したのは、もちろん本人が望んだことではないです。とはいえ、急激に業務が増えるということはなかったと思いますし、ある意味で名刺に社長の肩書きが付いただけですよね。

実は天龍は全日本プロレスでも取締役でした。就任したのは、私と結婚した後です。鶴田さんと天龍が取締役になっていて、そのハンコも持っていました。でも、取締役の手当らしきものはなかったです（笑）。

天龍は全日本で勤続が13年くらいで役員まで務め、一応は馬場さんとの間では円満退社という形になっていたのに、退職金はもらえなかったんですね。それどころか裁判で数千万円もお支払いする形になってしまいまして。私からすると、そこは納得しかねる部分ですね。

SWSでも対外的には社長ですから、当然すべての責任を負わなければいけない部分はあります。実際にレスラーの手当とは別に、社長・嶋田源一郎の手当はまた別に出ていましたしね。

だから、社長として選手の査定もやっていました。でも、それに不平不満を抱いて田中オーナーのところに直談判に行く人がいたんですよ。

田中オーナーも社長は天龍と決めたのなら、話をいちいち聞かなければいいのに、メガネの世界ではそういうことがなかったみたいで、もしかしたら屈強なレスラーに「お願いしますよ」と言われるのが心地良かったのかもしれません。そうなると、天龍を社長にした意味がないですよね。結局、誰かがあることないことを吹き込んで内部をグッチャグチャにして、田中オーナーに「うわ〜、もう辞めた！」と言わせてしまった。私から見ても、それがＳＷＳが崩壊した原因だと思います。

# 第五章　長女・紋奈がプロレスデビューを断念した瞬間

　ＳＷＳ崩壊後、天龍はレボリューション所属の選手たちをそのまま抱える形でＷＡＲ（レッスル・アンド・ロマンス）を設立した。

　92年7月14〜15日に後楽園ホールで旗揚げ2連戦を行い、初日にマイクを握った天龍は会場に集まったファンに対して「あと数年だけ天龍源一郎にだまされたと思ってついてきてください。絶対に嘘はつかないから」と宣言。さらに2日目には試合後に「アントニオ猪木とも一回肌を合わせてみたい」と爆弾発言を口にし、秋からＷＡＲは新日本プロレスとの対抗戦に突入する。

　新日本のトップ勢とのシングル対決を次々と実現させた天龍は対抗戦の主役となり、94年1月4日の新日本・東京ドーム大会で遂に猪木と対峙。15分56秒、パワーボムからのエビ固めで勝利し、「ＢＩからピンフォールを奪った唯一の日本人レスラー」となった。

　ＷＡＲは同年2月に新日本との提携が一旦終了すると独自路線に切り替え、天龍はＦＭＷの大仁田厚、ＵＷＦインターナショナルの髙田延彦らとドリームマッチを実現させる。

また、95年には週刊プロレスを発行しているベースボール・マガジン社から東京ドームで開催するオールスター戦『夢の懸け橋』への出場をオファーされたものの、「俺は金では動かない」と拒否。同日の4月2日に当初から予定が入っていた後楽園ホールで興行を開催し、支持者の溜飲を下げた。

98年に入ってWARは通常の団体経営が困難になり、1月27日に全選手の解雇を発表。シリーズを組まず、天龍を中心に単発興行を開催する形態にシフトチェンジする。

**天龍**　SWS末期の頃は人間関係のゴタゴタで疲弊しきっていました。もう何もかもに嫌気がさしているような状態で、虚無感に覆われ、とてもリングに集中できる状態ではなかったですね。

あれだけの大所帯、日本で初めてとなる大資本がバックアップした団体でしたが、結果は大失敗。仮にも自分が社長を務める団体が解散ということになれば、普通ならば落ち込んでしまうものですが、新たにWARを旗揚げしたときは、「ああ、やっとくだらないことから解放されて、自分がやりたいプロレスに集中できる」と、せいせいした気分で逆にエネルギーに満ちあふれていましたよ。

WARなんて規模としては小さい団体ですが、俺の気持ちの中でライバルは全日本プロレスに設定されていて、「全日本に負けてたまるか！」という心意気だけは持ち続けていました。要するに、全日本を辞めて俺に付いてきてくれた奴らがＷＡＲにいるわけですから、「あのとき、やっぱり全日本に残っていたほうが良かった」とは絶対に思われたくなかったんですよ。

ここから本格的に女房と彼女の弟（武井正智）が団体の運営に関わってくることになるんです。ＷＡＲは家族経営的な会社でしたからね。経理やグッズ関連の制作・管理など庶務的な業務を女房がやり、武井は営業本部長、ほかに全日本プロレスから一緒だった米沢さんも海野もいたし、心意気だけは富士山よりも高かったですよ。

女房は巡業には付いてこないものの、いつも事務所に出勤する形でＷＡＲの留守を預かってくれていました。夫婦でプロレス団体を経営するという部分で、どうしても何かにつけて馬場さんと元子さんの夫妻を思い浮かべつつ、目標にしていましたね。

ＳＷＳを畳むとき、田中八郎オーナーが1億円を出して、それを資本に新しい団体を運営していくことになりました。その1億円の中からＳＷＳが所有していたリングの1つを買い取ったりして、残った額をＷＡＲに付いてきてくれた全選手、全スタッフに「支度金」として均等に分けたんです。もちろん、俺と女房と武井は一切受け取りませんでしたよ。

大所帯のＳＷＳとは違ってＷＡＲは家族経営だったので、まるで雰囲気は変わりましたね。当時、四六時中、俺の相談相手となっていたのがレフェリーの海野でした。マッチメークの面は俺と海野が「ああでもない、こうでもない」と話し合い、いろんなことを考えた末に女房と武井と米沢さんに振ってみるんです。そこにファン目線で彼女たちが「こんなことをやったら面白いんじゃないの？」とアイディアを出してくれることもあって、そんなものをひっくるめてお客さんに提供していましたね。

ただ、WARが大きな団体と違うのは、「お客さん第一」で、お客さんが喜べば、もう何でもアリと腹をくくっていた部分です。それはSWSの頃に「大規模だけど、楽しくないプロレス」というものをファンに提供してしまった反省と後悔からですよ。だから、WARでは「とりあえず楽しければ、それでいいや」という点を優先的に考えました。


**まき代**　私が本格的に仕事としてプロレスに関わったのは、WARからです。理由は、そこに私の意志などなく、ほかに頼める人がいなかったからですね。レスラーで経理ができるような人はいませんから。私はもともと商売人の娘なので、抵抗はなかったです。どんな商売でも数字は一緒ですよ。あとは数字のコマ合わせみたいなものですからね。

当初、メガネスーパー側からの要望は、天龍が社長でレボリューションのメンバーのほか、営業やレフェリーの何人かをWARで引き取るというものでした。田中オーナーからいただいた1億円からリング代として600~700万円を引かれ、あとは稲田堤に道場を借りる敷金・礼金や改装の工事代……そのほかにも諸々あって、1000万円ぐらいはすぐになくなりました。

残ったお金は、天龍と私と武井を除くWARの全選手と社員さんに12分割して1年にわたって毎月、お給料日に手渡していました。レスラーはお金を上手に使えない人たちの集まりですから、一括であげてしまうと、いいことがありません（笑）。

WARを始めるにあたり、会場を借りる際のマニュアルなどがSWS側からすべて私に手渡されました。田中八郎さんの奥さまから「まき代さん、これが後楽園ホールで興行をやるときの資料で、やったことがない人でも一度、目を通せばできるようにしてあるから」と言われましたね。ほかにも横浜アリーナで興行をやるときのマニュアルなどもありましたが、その中にはWARに来た選手のギャランティーの一覧もありました。極秘資料として「これをまき代さんだけにお渡しします」と。

でも、それと同じ額の給料を払ってしまうと、たとえメガネスーパーから1億円ももらっていても、すぐになくなってしまうわけですよ。だから、あらためてプロレス団体を経営する難しさに頭を悩ませました。

**紋奈**　WARの旗揚げは家族に大きな変化を与えました。まず母が家からいなくなったんです。SWSの頃から一転して、この時期は父も母も家にいないというイメージしかないですね。WARが旗揚げした年、私はまだ小学校3年生でしたが、常に鍵っ子でした。

母は朝が超弱いんです。毎朝、お弁当を作らなきゃいけないのに、まず起きてこない(笑)。父は逆に朝が強いんですよ。だから、朝食も父がミキサーで特製プロテインを作ってくれて、「これを飲んでいけ!」と。お弁当は昼になったら学校の横にベンツが横付けされて、母が持ってきてくれるんです。

これを言うと母は怒るんですが、お弁当の中身は全部、冷凍食品でした。蓋を開けると、中身がすべて茶色いという……。もう彩りも何も考えていない。周りの友達はみんなサンドウィッチとかを持ってきている中、私は朝は父の特製プロテイン、昼は母の特製茶色弁当でした。

夜になっても両親が帰ってこられない日が多かったので、そういう日は近所の武井家に預けられていました。だから、小学生時代はほぼそちらで生活していましたね。高学年になると家に家政婦さんがいましたが、そういう生活でしたから一人で遊ぶのは全然平気でした。


**天龍** WAR（レッスル・アンド・ロマンス）と命名したのは、大阪のデサントにいた大谷さんです。通常は「ダブリュー・エー・アール」と呼ばれますが、戦争の「ウォー」に引っかけてある名前なのに、なぜかそのままローマ字読みで「ワー」と呼ばれることが多かったですね（笑）。最初に「レッスル＝闘い」と「ロマンス＝冒険」という言葉を聞いたとき、俺は男女の色恋沙汰のほうのロマンスをイメージしてしまって、「女々しい名前だな」と思いました（笑）。詳しく聞いてみたら、「男の闘いと冒険」という意味だと分かり、そこから一転して「ああ、素晴らしい名前だな」と感銘を受けましたよ。

ちょうど旗揚げした年は、コロンブスの新大陸発見から500年の記念イヤーだったんです。そういうものと相まって「闘いと冒険……略してWAR。いいじゃないか！」と決定ですよ。95年9月に俺が社長を辞めて、義弟の武井が社長になったときには、心機一転で「レッスル・アソシエーション－R」と名前もロゴも一新しました。

団体名も決まり、事務所を桜新町（東京都世田谷区）のサザエさん通りに構えて、次は道場探しです。「とりあえず道場がなきゃ、プロレス団体じゃないよ！」という意識が強かったですからね。都内でいろいろと物件を探しましたが、家賃、リングを設置できる広さ、車を数台置ける駐車スペース、ご近所への騒音対策をも含めた防音などいろんな条件を重ね合わせていくと、やはり東京23区内というのは難しくて、多摩川を渡ることになる。それで稲田堤（神奈川県川崎市多摩区）ということになったんです。

WARはSWSのレボリューションにいた連中が、そのままスライドしてできた団体ですが、道場を構えてから何人か入門志願の若い奴らが来たんです。俺は心意気みたいなものを感じて、「ああ、天龍源一郎しかいない、こんな小さな団体に入りたい奴がいるんだな」と感激しました。入ってきた奴らが我が子のように可愛く感じられたものですよ。俺自身も「頑張らなきゃな！」と励まされた気がしたんですが、みんな数日経つと勝手に辞めていくんですよね（笑）。

WARの途中で道場を閉鎖してしまったのは、維持するだけで大変な経費がかかっているのに、道場に来て練習している奴がだんだんと減ってきたからです。「何のために毎月、高いお金を払って道場を持ってんのかな？」と疑問を抱き始めたら、大人気ない気もしますが、だんだん腹が立ってきて「もう止めよう！」と。それなりに広かったし、ショボい道場ではなかったと自負しているんですけどね。

今でもたまに車で稲田堤あたりを通りかかると、「この辺に道場があったんだね」と女房と2人で懐かしく話しますよ。

## WARはメジャー団体か、インディー団体か?

**天龍**　試合前、記者の人たちの与太話で「WARはメジャー団体に区分けすればいいのか、インディー団体に区分けすればいいのか判断がつかない」なんて話を聞いたことがありました。実際に全日本プロレスや新日本プロレスと比べられてインディー団体扱いしてもらって結構なんですが、俺の中で「そうは行くかい!」という心意気だけは強かったし、そういう意地だけでWARをやっている部分もありましたよ。

旗揚げ当時、話題になっていたのが新日本プロレスとの対抗戦でしたから、「WARは新日本の傘下団体」という噂も立てられました。WARの興行がテレビ朝日の『ワールドプロレスリング』で放送されたこともありましたから、そんな噂が立ったんでしょう。それに関しては俺だけじゃなくて、他の選手、スタッフの反発が凄かったですね。まだ旗揚げから半年すら過ぎていないのに、なぜか選手もスタッフも凄まじいばかりの「WAR愛」に満ちあふれていました。

古巣である全日本の流れというのは暗黙の了解みたいな部分で理解できるんですが、新日本流というのは不意打ちで何をやってくるか、何を言い出しくるか分からない怖さみたいなものもありましたね。だから、「新日本に飲み込まれてたまるか!」という点でも結束が強くなりました。新日本との対抗戦をやっていけばいくほど、選手自体が研ぎ澄まされて精進しているような雰囲気は感じましたよ。WARの核にある精神は、「反発心」なんです。

WARが毎シリーズ、外国人選手をたくさん呼んでいたのは、社長である俺の意向でした。

そこもやはり古巣の全日本というものを多分に強く意識していた部分はありましたね。初期のビッグマッチにWWFからリック・フレアーや豪華な選手が来日していたのは、SWS時代に俺が結んだ契約がまだ継続していたからです。

契約自体はSWS時代に交わしたものの、実費はWARが支払うわけで、経理を担当していた女房はやりくりに一番頭を悩ませていたことでしょうね。それでも、俺は自分の意見を押し通していました。女房もそこは了解してくれて、財布の紐を締めるということはしなかったです。WWFとの契約期間が切れてからも、アメリカやメキシコから常に外国人選手は招聘し続けていましたから、大変だったと思いますよ。

俺の中でWARとは、SWSでの汚名返上という意味しかなかったです。天龍源一郎という存在を、もう一回リボーン（再生）したいと。本当にそれだけですね。やはりSWS時代に関しては、ファンに対しても「俺はレスラーだ」と胸を張れる部分がなかったんです。

**まき代**　旗揚げしてすぐの横浜アリーナ大会（92年9月15日）は、もう地獄でした。あの大会は、もともとSWSが押さえていたものだったんです。それをいい格好して、「WARでやります」と言ってしまう天龍源一郎がいるわけですよ（苦笑）。

横浜アリーナは500～600万円の手付金が必要な会場です。すでにSWSが手付けを打っていましたが、結局はその分が例の1億円から引かれる形になりました。

メインイベントは天龍とリック・フレアーの一騎打ちで、大掛かりな舞台装置も天龍が勝った場合とフレアーが勝った場合の両方を発注して入れてありました。大道具さんと小道具さんの経費が凄くかかってしまい、当日券が2000枚も売れたという盛況ぶりにもかかわらず、2000万円の赤字が出てしまいましたね。旗揚げして初っ端のビッグマッチで、いきなりの大打撃でした。

大きな団体はスタッフの数も多いし、横浜アリーナのような大会場で興行することにも慣れているでしょうが、WARは少人数の家族経営企業ですから、選手やレフェリーの奥さん、お子さんまで総動員して頑張ってやりました。もう興行が終わった後、みんな死んでいましたね。

## 天龍源一郎が「大将」と呼ばれる理由

**天龍**　こんなに周囲から「大将」と呼ばれている存在は、昔の軍隊の偉い人や山下清を除けば、今は萩本欽一さんか俺ぐらいのものでしょう(笑)。そう呼ばれることに対しては、何の迷いもないですよ。

呼ばれ始めたのはWARになってからです。心地良かったですよ(笑)。キッカケは、俺が言い出したんです。WARができて俺が社長に就任して、周りの連中が「天龍さんと呼べばいいのか？　それとも社長と呼んだほうがいいのか？」なんて言っているから、俺が「社長なんて呼んでくれるなよ。それなら、『大将』と呼んでくれ」と。それが現在もずっと続いているわけです。

もともとのルーツは相撲部屋にあるんですよ。滅多にないことですが、一つの部屋に横綱が2人いる場合、新しく昇進したほうは「横綱」と呼ばれて、先に昇進したほうは「横綱」から「大将」と呼ばれるようになる習慣があるんです。相撲の世界では、地位以上の敬意を込めて「大将」と呼ぶ。まあ、「組長」と呼ばれるよりはマシですよ（笑）。

**まき代**　全日本の時代に年に8回しか給料が出なくて私自身が大変な思いをしましたので、WARは月給制にこだわりました。SWSも月給制でしたが、全日本は固定給がありませんでしたから、すべてが「1マッチ＝○○円」というシステムなんです。ただし、ケガなどで試合を休んだ場合も7割ぐらいは出ますけどね。でも、天龍は全日本時代も「無事之名馬」で試合を休んだことがないから、「損したかなあ」と（笑）。

そうした今までの経験を総合して判断した上で、WARは年に12回の固定給にしました。当然、ボーナスはありません。

その頃、すでに世の中の大多数の企業では銀行振り込みで月給を支払っていたはずですが、WARでは給料袋での手渡しにもこだわりました。しかも、すべて新札です。理由は、選手、社員とのコミュニケーションを重視するためですね。渡すのは基本的に天龍か武井で、2人がいないときは私がやっていました。

給料袋を手渡しながら「何か問題はない？」と聞いたり、「子どもたちは病気しないで元気なの？」、「いつ小学校に入るの？」といった会話をすることが大事なんです。給料をもらっていい気分になり、みんなとウダウダしゃべってから帰るというのも一興じゃないですか？　事務所が桜新町からたまプラーザ駅前に移ってからは、下の階に『つぼ八』があったので、来た順にみんなチビチビとやっていましたね。

**天龍**　俺がWARの社長に就任したのは、田中オーナー個人からの資金援助を受けるにあたり、それが第一条件だったからです。資金援助の期間は2年間という約束になっていました。

ところが、旗揚げからしばらく過ぎた後、同じくメガネスーパーから資金援助を受けている藤原組の東京ドーム大会（92年10月4日）で、藤原喜明組長との一騎打ちを提示されたんです。そのカード自体は望むところで、後に実現しますが、そのときは3ヶ月後に新日本プロレスの東京ドーム大会（93年1月4日）で長州力との一騎打ちが内定していて、それまでは他団体の大物選手と大舞台で闘うことは契約上も許されない。

だから、藤原組長との一騎打ちはお断りしました。そうしたら、「じゃあ、もうWARのスポンサーはやりませんよ」と資金援助を打ち切られましたね。それにより、みんなの給料を下げざるを得なくなりました。

WAR時代は現役レスラーという部分が6割で、あとの4割のエネルギーで社長をやっている感じでしたよ。渉外などややこしいことは、義弟の武井が担当していました。ただ、他団体との交渉は「天龍源一郎がいる団体だから」という部分でうまくいったりすることもありますから、俺自身がそういう席に顔を出すこともありました。どインディーの奴らに「お願いします」と頭を下げに行ったら、見事に断られて、海野になだめられつつ、「なんとかお願いしますよ」と再び頭を下げに行ったこともありましたね。それで「なんで、こんなクソ野郎に頭を下げなきゃいけないんだ?」と腹を立てたり。やはり経営者側になると、いろいろな葛藤があるわけです。

なぜかと言えば、WARはSWS時代からの流れで月給制の会社でしたし、俺に付いてきてくれた選手とスタッフ全員とその家族を食わしていかなければいけない。誰も路頭に迷わせてはならないという覚悟がありましたから。その意識こそが第一ですね。あんなに小さい団体なのに月給制を継続して、しかも何百万も払っていたんですから、わりの合わない話ですよ。だから、俺と女房と武井は儲かったときだけもらうということにして、選手優先で払っていました。

とはいえ、俺は現役レスラーでもありましたから、選手連中には経営者としてよりも仲間として接していましたね。もし「俺は社長だから偉いんだぞ」という態度で接していたのなら、いつも言いたいことばかり言っていた冬木軍(冬木弘道、邪道、外道)なんか、とっくにクビにしていますよ(笑)。

WARに限らず、プロレス団体は社長と所属選手の間で妙な距離感が生じてしまうこともあるみたいですが、俺にはそういうものもなかったと思いたいですね。放任主義じゃないですけど、すべて許していましたし、「こんなことやるな」とか一切言ったことがないです。道さえ間違えていなければ構わないし、キチンと報告さえしてくれればいいんですよ。実際には、俺がスポーツ新聞を読んで初めて知ることも多かったですけどね(笑)。

## 経理担当から見たWARと新日本プロレスの対抗戦

**天龍**　旗揚げ初期の平成維震軍との闘いには、経営的に本当に助けられたと思っています。越中詩郎が俺たちと同じ全日本プロレス出身というのもありましたが、とにかく真正面からぶつかってきてくれましたからね。旗揚げしてすぐWARが標榜していた「激しいプロレス」ができました。プロレスの抗争において、両方ともがウィンウィンで終わる方程式は本当に珍しいケースだと思います。

そこから約1年半、新日本のトップクラスと闘い続けて、その総決算がアントニオ猪木さんとの一騎打ちですよ。猪木さんに勝利した後、ウチの両国大会（94年3月2日、天龍&阿修羅・原vs大仁田厚&ターザン後藤）で大仁田にフォール負けしちゃうんだから、天龍源一郎というのも悪い奴ですよね（笑）。

あの両国大会では後藤にビール瓶で頭を殴られて、試合後すぐに救急車で病院に行ったんです。そこで医者に「ああ、レスラーって本当にケガするんですね」と言われて、「ふざけんな、この野郎！」と思ったことを憶えていますよ。

あの当時、大仁田のやっている電流爆破マッチ路線が評判になっていましたが、同じレスラーとして「どんなものかやってみたい」という興味本位が半分、自分と同じようにエースとしてFMWという団体を率いている大仁田に対して「ナンボのもんだい」という意識が半分でしたね。試合前、電流爆破の研究はまったくしませんでした。思っていたのは、「あの大仁田がやっているんだから、俺にやれないわけがないだろう?」程度ですよ。他の人はしらないけど、上半身裸で爆破を経験した選手は数少ないでしょう。川崎球場(5月5日、ノーロープ有刺鉄線電流爆破デスマッチ)から帰ってきたら、頭の中に破片みたいなものがたくさん刺さってい て、頭を洗えなかったことを憶えています。女房にそれを抜いてもらいましたよ。

ただ、大仁田の野郎が許せないのは、せっかく俺が勝利したのに、その場で「来年引退します!」と発表して話題を全部さらっていったことですね。あらかじめ「もし俺が負けたら、プロレスは辞めます」と言ってくれていれば許してやるんですが、試合後にマスコミを集めて、そうやって他人の話題を消そうとするやり方が嫌いなんです。金に汚い点も嫌いですね。

大仁田が全日本時代に最初に引退したときも、格好つけて「今日負けたら、辞めます」と大ボラを吹いたのが原因ですよ。結局、試合で負けちゃって、控室に帰ってきたら、みんなが大仁田のところに集まって「本当に辞めるの?」「辞めるんだろ?」の大合唱。それで引っ込みがつかなくなり、「じゃあ、辞めます」と言わざるを得なくなったというのが奴の最初の引退の真相ですよ。本当にヒザが悪かったのかもしれないけど、グレート小鹿さんはムキになって「この野郎、本当に辞めるんだろうな?」と念押ししていましたね(笑)。

俺が「プロレス界の三悪党」と認定しているのは大仁田厚、渕正信、石川敬士ですよ(笑)。彼らの悪口でよろしければ、その辺の文学全集や百科事典を超えるブ厚い本を書くことができますよ(笑)。

**まき代**　経理担当だった私が他団体との交渉で関わっていたのは、お金の部分だけです。細かい交渉事やギャランティー云々というのは、すべて武井がやっていました。新日本プロレスの対抗戦は、武井と永島（勝司＝当時・新日本プロレス企画部長）さんの間で話が決まり、武井から「今度、この大会に出るけれど、ギャランティーは◯◯円」と伝えられて、私が請求書を書いて送るわけです。だから、私が交渉して金額が決まるわけではなく、武井の交渉がうまかったということですかね。

あの頃、永島さんと武井は仲が悪いような、それでいてリズムが合うような間柄だったので、うまくいっていたような気がします。新日本さんは凄く協力的で、あれは相乗効果を生んだ対抗戦だったと思いますね。私は、真ちゃん（橋本真也）の入場テーマ曲が大好きでした。あれは盛り上がりますよね。

ただ、たった1回しかやっていない日本武道館大会（93年6月17日＝天龍vs橋本）がなぜか一番集客が悪かったんです。次の幕張メッセ（同年9月12日＝天龍vs蝶野正洋）は入ったのに、不思議ですよね。一番入ったのは、天龍がグレート・ムタと闘った大阪府立体育会館（96年10月11日）かな？

そういう目玉カードだけあれば十分なのに、それでも外国人選手をガンガン呼んでしまうのが天龍源一郎でした。私としては、天龍が「呼ぶ」と言ったら従います。武井と海野レフェリーだけは「う〜ん……◯◯はいらないんじゃないかな？」と唸りつつ、ささやかに抵抗しては調節してくれていたんですが。

新日本プロレスの東京ドーム大会に天龍が出場すれば、当然それに見合ったギャランティーが入ってきました。でも、それで団体運営が成り立っているというほどの金額ではなかったです。あの頃、WARは年間6億円近い興行の売り上げがありましたからね。

新日本さんから「固定のギャランティーにするか」、「それとも純利益の中から経費を引いてパーセンテージで払うか」と提案をされたこともあります。そんなことを言われても東京ドーム大会の売り上げなんて知りませんし、想像もつかないじゃないですか？　WARでやった一番大きな興行が横浜アリーナですからね。だから、その場で「東京ドームは横浜アリーナの何倍だ？」と暗算しましたよ（笑）。

それでも浮き沈みの激しいのがプロレス稼業です。この時期はお金が足りなくなると、久々に質屋に行ったり、預貯金を切り崩したりして、しのいでおりました。だから、一度も皆さんに給料の迷惑はかけていませんね。

## WARが生み出した最高傑作は？

**天龍**　WARには、赤鬼（ドン・ムラコ）とか青鬼（キム・ドク）も参戦していました。奴らの挑発に怒り狂って、ついつい挑戦を受けてしまいましたよ（笑）。究極のエンターテインメントです。新日本とも闘うし、WWFからも選手が来るけれど、ああいう巡業中のWARのハチャメチャ路線こそを愛してくれていたファンも多かったですよ。

相撲軍団もいましたね。一生懸命、相撲取りを庇いつつ、天龍源一郎に逆らっていた坂下（博志）団長は輪島さんや石川敬士と同じ日大相撲部なんですよ。ああいった仕事をするのは、あのときが初めてだったはずです。

俺は今でもバチンバチンという闘いだったら、「相撲取りこそが最強」だと思っていますよ。嵐（初代＝現・大黒坊弁慶）もそうだし、大刀光なんかプロレスを全然知らない状態で、相撲の技だけでリングに立っていましたから。フルネルソンからブンブン振り回したら、やられた平井伸和（現スーパー・ヘイト）の首が極まってしまい、試合後に引っくり返っていました。迫力は凄かったけど、お客さんは何が起きたのか全然分かっていなくて、呆れ返っていましたよ（笑）。

もう次から次へとやりたいことを提供できたというか、あのハチャメチャ路線こそがＷＡＲの魅力です。当時は今ひとつ、ファンにその魅力が伝わっていなかったのが難点でしたけどね。あれはＳＷＳのときの「頑張っても実らないモヤモヤとした部分」の反動ですよ。こうなったら好きなことをやってやろうという開き直りみたいなものです。ＳＷＳ時代に赤鬼・青鬼や相撲軍団を登場させていたら、待ってましたとばかりに反対勢力の連中や週刊プロレスから非難が殺到していたでしょうね（笑）。

そんなＷＡＲですが、両国国技館２連戦をやったこともありますよ（96年7月20〜21日）。いい根性していますね。まあ、女房は「冗談じゃないわよ！」と文句を垂れていましたが。

**まき代**　なぜか毎シリーズ、天龍が豪華な外国人選手を呼んでしまうため、WARの興行は利益が出づらいという状況でした。では、何で利益を出していたかというと、私のもうひとつの担当であるグッズです。

WARのグッズのほとんどは私が企画、製作から販売までやっていました。あの頃、WARの売店には変なグッズがたくさんあったことを憶えていらっしゃるファンの方も多いと思います。WARでは、ケンドー・ナガサキさんや冬木君の間でやたらと会場で消火器を噴射しまくるのが流行っていた時期がありました。本物の消火器なので、みんな息ができなくなってしまうんですよね。後半はほとんど冬木君の専売特許になっていて、彼のせいでどんどん使える会場が減っていったんです。

バレなければ構わないんですが、興行の前に招待券が回って消防署の方たちが会場に来てしまうんですよ。楽しんで応援していても、やはり目の前で堂々と消火器をまかれたら、彼らも本職として目はつぶれないですよね（笑）。興行が終わった後、謝りに行くのはいつも武井や営業職の人でした。

どこに行っても消火器をまいて、それが名物になってしまい、ただ損ばかりしているのももったいないと思って、私は消火器に関連したグッズを探すことにし、見つかったのがライターでした。それにシールを貼りつけて、「消火鬼ライター」の誕生です（笑）。あれは売れまくりましたね。

冬木軍の「ブーイング笛」も私が考えました。一から製作するのではなく、既成の商品を見つけてきて安く仕入れ、ペタリとシールを貼るだけで見事に「公式グッズ」に変えてしまうのが家内制手工業を得意とするWARならではの戦略です。

我ながら傑作だと思っているのは、「冬木軍ブーイング笛」と「グーパンチうちわ」ですね。バスタオルの真ん中だけをくり抜いて、全面にデカデカと「WAR」と描かれているポンチョも売れました。なぜか天龍があれを非常に気に入ってしまって、よく着ていましたね。それが面白いほど売れたので、ビッグTシャツにレインボーで大きく「WAR」と描いた商品も出したら、それも売れました。

天龍バージョンと冬木軍バージョンの2種類作ったラーメン丼は、500セットぐらい作って即完売でしたよ。湯のみもよく出ましたし、天龍の声で起こしてくれる目覚まし時計もまあまあ売れました。テレビのバラエティー番組で天龍のガラガラ声が話題になっている今、また作っても売れるかもしれませんね（笑）。

グッズ展開は、やっていて楽しかったです。両国国技館大会ではグッズが1000万円売れるのが当たり前だったので、お付き合いしている銀行から3人くらい来てもらって、そのままお金を持ち帰ってもらいましたよ。ビッグマッチは大抵が土日開催なんですけど、あの頃は会場がどこであろうが偉そうに呼び出していましたね（笑）。

## ベースボール・マガジン社主催『夢の懸け橋』との興行戦争

**まき代**　ＳＷＳの頃のバッシングはもう……ターザン山本さん憎しというか、ありもしないことをバンバン書いていたわけですから、記者としても人間としてもあってはならないことだと私は思います。

それもあって、『夢の懸け橋』の裏で後楽園ホール大会を開催したときは燃えましたね。一応、ベースボール・マガジン社から出場のオファーは来ました。みんな「誰が出るか！」という感じでしたよ。「なんでプロレス雑誌がドームで興行をやるの？」、「金儲けしたいわけ？」、「金で動いているのは、あんたたちでしょ？」と。

天龍は、もう即決で拒否でした。あんなに意見が一致したのも珍しいぐらい(笑)。天龍に関った人間の中で、山本さんにいい印象を持っている人はいないです。結局、あの人が後に書いた暴露本に「真相」が載っていましたが、それによってあの当時にバッシングを受けて、私たちが大変な目に遭ったことがリセットされるわけでもないんです。

そんな経緯がありましたから、あの後楽園ホール大会は経理を担当しつつも燃えましたよ。後楽園ホールがいっぱいで入りきれないので、下の部屋を借りて映像を流そうと。東京ドームと張り合うわけじゃないですが、たとえシアターがガラガラでもいいからやろうと。もう意地だけですよ。

だから、あの日はキャパこそ少ないけど、「勝った」と思いました。「私たちを支持してくれる人が、こんなにいるんだ」と嬉しい気持ちもありましたね。本当に採算を度外視して興行をやってしまったのは、あの日だけかもしれません。

## 中学生の紋奈が学校を休んでWARの巡業に参加

**紋奈**　あれは中学1年生の終わりでした。たしか祝日で、千葉の木更津で大会があったんです。父に「紋奈、行くか?」と聞かれて、「行きたい!」と。バレンタインデーも近かったので、皆さんにチョコレートを買って、父と一緒に車に乗って会場へ行きました。なぜか父がヒョウ柄のロングタイツで出陣したWARの歴史上でもレアな日です。

その日、急に叔父から「紋奈、音響をやって」と言われたんです。でも、私は超電戦士バトレンジャーの入場のときに失敗してしまったんですよ。失敗といっても、入場テーマ曲がカセットテープのA面じゃなくて、B面に入っていたんですが……。どうりで待てど暮らせどテーマ曲が流れ出さなくて、仕方なくお客さんがパチパチとまばらに拍手する中、バトさんが入場してしまったんです。私は「やっちゃった……」と思って、これはリベンジしなきゃなと。それがキッカケでした。

その後も最初は土日だけ巡業に参加するような形だったんです。中学2年生になって、6月の栃木の小山大会に「学校を休んで行きたい」と言ったときは、母に怒られました。後日、私は正座して「中途半端にやりたくないから」と宣言したんです。「私が好きなとき

中学生時代の紋奈。この時期はWARの巡業に参加しながら、プロレスラーを目指していた。

だけ行っていたら、みんなが気を遣うだけだし、仕事としてちゃんとやりたい。全部の巡業に行かせて！　じゃなきゃ、もう学校にも行かない」と直訴したんですよ。

母は根負けしたのかもしれませんが、了承してくれて、学校の先生には私から事情を話しました。私が行っていた私学は少し特殊な校風だったので、担任や各教科の先生が「じゃあ、とりあえず学校に来られるときはフォローする」と言ってくださったんですよね。「その年齢で、人生でやりたいことが見つけられた紋奈は素晴らしいと思うよ」とまで言われました。

その代わり、地方から朝の5時にトラックで帰ってきて、そのまま寝ずにシャワーを浴びて学校に行くなんてこともあったりして大変でしたね。実はその前にちょっと学校が嫌になって、行っていなかった時期があるんです。「もういいや、どうにでもなれ」と自暴自棄になっていた頃で、そのときに「あっ、プロレスがあるじゃん！」と思ったんですよ。

一気に人生が開けてくる感じで、プロレスの巡業に行くためにも、筋を通す意味で学校には行ける限りは行っていました。先生方からすれば、これまでロクに学校に来なかった嶋田紋奈が、巡業がないときは一生懸命に学校に来るという状況になったので許して下さったのかもしれません。

巡業では父とベッタリどころか、逆に距離ができた感じです。このときから私は「お父さん」ではなく、「大将」と呼んでいますから。家でもそう呼びます。

仕事は、試合とレフェリーとリングアナ以外のことは全部やっていました。ベースは音響係ですが、トラックに乗って会場に着くと、まず防音シートを張って、それからリングを作って、椅子を並べて、席番を貼って、グッズの売店を設営して、控室も作って。開場したら、ＢＧＭを流し始めるわけです。

試合中はゴングが鳴ったら、曲の頭出しをして、リングに上がる階段を出したり、リング下にしまったり、開始ゴングが鳴らされる前に紙テープをこよったり。試合が終わると、また逆の作業です。リングを解体して、椅子を片付けて、ゴミ掃除をして、次の場所へと出発する。それが2週間続くわけですよ。

だから、父と顔を合わすのも会場のみでした。私はリングトラックで、父は選手の移動バスですからね。ホテルも大将はやはり位が上なので、ダブルやスイートに泊まります。私は階自体が違いました。若手選手たちと同じ階です。

父からお小遣いはもらいましたが、中学生にしては多い金額でしたね(笑)。だから、そのお金で週刊プロレスと週刊ゴングを2冊ずつ買っていましたよ。読む用と保存用みたいな(笑)。


**まき代**　紋奈はプロレスが好きで、しかもお父さんのことが大好きなんです。超ファザコンで、超マザコン。考えてみれば、最悪な人間ですね(笑)。私はそう感じているんですが、その半面、私のことを過激に攻撃してくることもあって……。

義務教育の時期なのに学校を休んでまで巡業に付いていくというのは、やはり父親の影響が強かったんでしょう。学校を休むことに関して、母としては賛成も反対もなかったです。紋奈にそこまで好きなものが見つかったという点では嬉しかったですよ。

あの時期、学校が面白くないというのもあったんでしょう。ただダラダラと生きているのは嫌と言っている子が今たくさんいますよね? そういう子が多い中、好きなものが見つかったのなら、それはそれで良かったなと。それによって変な道に進むこともないだろうし、とも思いました。

学校に行くと天龍の娘ということでからかわれていたという話は小学生時代からよく聞いていて、精神的に幼いと、それがイジメに感じたりしますよね。家系なのかもしれないけれど、身体だけはどんどん大きくなっていくし、そのわりには泣き虫で。ああ見えて繊細で、傷つきやすいタイプなんですよ。

そういうのが嫌で私学に行かせたんですが、子どもたちが主役という姿勢で運営されていて、先生ではなく生徒がクラスごとに規則を決めたりする学校なんです。だから、紋奈も学校を休んで巡業に行くという発想になったんでしょう。

巡業から帰ってくると、やはり成長は感じられました。自分が役に立っているという喜びもあったでしょうし、みんなと同じ輪の一員であるという充実した表情をして帰ってきましたからね。

久々に親子3人で食事となると、話題の中心はプロレスのことばかりになりました。あまり詳しいことを言われても、私がプロレスに疎いものですから困りましたけどね。いまだに嶋田家は、そういう場面が多いです。2人だけでそんな話をしていて、私だけが分からないという……。

**天龍**　紋奈が巡業に来るようになったからといって、別に何もないですよ。少ないスタッフで頑張っている中、ひとり手勢が増えたかなというだけで。まだ中学生ながら、一生懸命頑張っていました。両親が経営している団体だから、「自分も」と頑張ってくれていたんだなと。変な意味ではなくて、「ああ、可愛い奴だな」と思いましたよ。

学校に行くのをボイコットして母親に直談判した話は、かなり後になって聞かされました。だから、最初は「あれっ……なんでお前がいるの?」という感じでしたよ。

巡業中、親として何か教育してやろうというのは一切なかったです。ただ、父親である俺に限らず、熱心に頑張っている奴らを彼女が間近で見て、何かを感じ取ってくれればいいなと思っていたぐらいですね。それは放任とはまた別ですよ。逆に俺のほうが「恥ずかしくない父親でいたい」という意識が強かった気がします。彼女にとって学校では体験できない、いい社会勉強になったと思います。そういう意味では良かったのかな。

　俺も中学生時代、地方場所へは学校を休んで行っていましたから、父と娘で似たようなことをやっているのかもしれません。

## 紋奈が父にプロレス入りを直訴！

**紋奈**　私はそもそもプロレスラーになるつもりでした。巡業にはＬＬＰＷの皆さんがいたので、どんどん生活がプロレスに寄ってくる感じがしましたね。

　あるシリーズ中、仕事は全部終わっていて、父が会場の表に出て行ったので「お疲れ様です！」と言いに行ったら、ちょうど外で練習中だった若手の菊地淳さんや石井智宏選手に父が「何を何セットやっているんだ？」と聞いていたんです。

　父は「そんなんなら辞めちまえ！」とゲキを飛ばして、そのときになぜか「お前、一緒に練習するか？」と言われ、それからはスクワットや腹筋を一緒に練習していたんですよね。

　その辺から、「あれ？　これはもしかしてイケる」なんて思っちゃって。プロレスの技の本を買ってきて、家でも勉強机の電気を点けて、ずっと技の勉強をしたりしましたよ。

会場に行けば、風間ルミさん、神取忍さん、イーグル沢井さん、立野記代さん、ハーレー斉藤さん、キャロル美鳥さん、紅夜叉さん、大向美智子さん、青野敬子さん、沖野小百合さんと、LLPWの皆さんがいらっしゃるわけです。もう舞台は揃っているし、環境的にもバッチリだったわけですよ。冗談かもしれませんが、LLPWの皆さんも「紋奈、女子レスラーになりなよ」と言ってくださいました。

ところが、家で正座しながら父に「プロレスラーになりたい」と言ったら、「本気で言ってんの？」みたいな感じで返答されてしまいました。

「どうしてもやりたい」と言っても、「ダメ！」の一点張り。父はあまり理由も聞かずにそういうことを言う人じゃないので、私は「どうしてダメなのか教えてほしい」と頼んだんです。

そうしたら、「俺はプロレスしかできない。だから、プロレスがどんなものかは俺が教えてやれる。だけど、お前はいろんな可能性があるんだから、プロレス以外のことをやって、父ちゃんに教えてくれ」と言われました。

その一言で「カッケー！」と思ってしまい、ついつい「わかりました！」と言ってしまったんですよ(笑)。それでプロレスラーになるという話は終わっちゃいました。中学3年生のときのことですね。

これには後日談がありまして、20代も後半になった頃、風間ルミさんに「えっ!?　あの頃、天龍さんに『紋奈に蹴りでも教えてやってくれ』って言われたわよ」と言われたんです。私としては「…嘘。じゃあ、あのときにもっと粘れば大丈夫だったのか？」と。まんまと父の策略にしてやられた感じがしました。

**まき代**　私は紋奈がプロレスラーになることは反対でした。男の子だったら、どんなに下手でも、たとえ第1試合しかできないような子でも「やれ」と言ったかもしれないです。

でも、女の子だから、それは無理。将来は結婚もして欲しいし、子どもも産んで欲しいし。あんなにしょっちゅう激しく投げつけられたりして、子どもを産める保障もないわけですから……。何人も子どもがいれば、また話は違っていたかもしれないですけどね。

その件に関して、夫婦で相談はしていなかったです。たとえば私が大反対していたとしても、天龍が「よし、やれ！」と言っていたら、たぶんそうなっていたでしょう。普通の家庭では、なんでも子どものことを優先するじゃないですか？　でも、嶋田家ではすべてのことにおいて父親が一番で、子どもが二番で、私が三番なんです。子どもがワンワン泣いていようが、天龍が「これをやれ！」と言ったら、そっちを優先させてしまう。だから、紋奈がスネるとか歪むことがあったとしたら、私のせいかもしれません。

素直にプロレス入りを諦めてくれて、ホッとしている部分は大きいです。裏方としてプロレスに関って行くことは、できるわけじゃないですか？　今は実際にそうですし、レスラーにならなくとも、表舞台には立たなくとも、裏で支えればいい。紋奈には、それを完璧にやって欲しいですね。

**天龍**　それはハナから「ないな」と思っていました。こんなに身体を酷使する危険な仕事を、自分の娘にやらせたいとは露ほどにも思っていませんでしたね。

そもそも紋奈が俺に直接「プロレスラーになりたい」なんて言ったこともなかったと思うんですけどね。ただ、それっぽいことを言い出していたことは聞いたことがありましたから、「えっ……何を言ってるんだ？」「マジなの？」と。

ＬＬＰＷ入り？　ああ、神取忍や風間ルミの考えそうなことですね（笑）。俺はもう何度同じことを言ってきても、「ダメ」の一点張りだったと思います。

## 「嶋田家の金が○○円を切ったら、ＷＡＲを止めると言え」

**天龍**　ＷＡＲの末期はほぼ有形無実というか開店休業状態でしたから、ここは一回気持ちよく意思表示しようと、選手たちに「止める」と伝えました。たぶん給料日に給料袋を渡して、「今月でＷＡＲを止める」と言ったと思います。

その頃はもう客足も芳しくなく、試合数もそれまでは１ヶ月に１週間はビッシリとシリーズがあったのが、３日とかポツンポツンとしかなくなっていましたから。みんなも感じていたと思いますよ。でも、ひとつ自慢したいのは、あんな小さい団体だったのに給料の遅配が一度もなかったこと。これは俺にとって誇れることですよ。

たんです。

**まき代**　結局、最後のほうは興行をやっても、やればやるほど損をするという状況になってき

そこで試合数を減らせばいいのかというと、そうしたところで固定給は減らないわけですよね。すでに稲田堤の道場は閉鎖しておりましたが、事務所の維持費、事務所の駐車場代など最低でも月にこれだけ必要というラインがあって、それに満たない興行収入になってしまったとしたら、続けても私たちももう吐き出すものがないですし、選手やスタッフに月々のお給料を払えない状態になってから伝えても皆さんが困るわけです。

だったら、この先に払えなくなることを前提に、「どこか他の団体に入りたいのなら移ってもいいし、武井を使っていいから向こうに意志を伝えて」と2~3ヶ月前に便宜を図りました。当時はまだ「○○を貸してくれ」というオファーは中途半端にありましたからね。そういうときは「今後はウチの社員ではなくなるので、もうちょっと値段は上がりますよ」と伝えて、仕事の斡旋はしていました。団体さんからのギャランティーを全額、選手に渡したりとか。

もともと天龍からは「嶋田家の金が○○円を切ったら、WARを止めると言え」と命じられていたんです。ところが、それを全部吐き出してしまった。でも、私にも意地があるわけですよ。だから、意固地になってノラリクラリとうまく切り抜け、回り続けてしまったんです。そんな状態が2年ほど続いてしまい、結果的には私が変に数字に強かったことが仇となった感じです。

**紋奈**　その決断を選手たちに伝えたときは、私も事務所にいました。別にそれに対して何を思ったというのではなく、「天龍源一郎と嶋田まき代の決断か」と思うだけでした。
　その頃はもうプロレスラーになりたいという熱はなくなっていましたし、私としては「巡業がなくなってしまうな」という気持ちでしたね。

## 嶋田家が第二の人生を考えて『寿司処しま田』をオープン

**天龍**　桜新町に寿司屋（『寿司処しま田』）をオープンしたのは97年のことでした。紋奈が巡業に付いてくるようになった時期だったと記憶しています。言い出したのは俺ですね。「そろそろ第二の人生を考えて」と。漠然とではあるけれど、そろそろプロレス以外のサイドビジネスを始めようと思っていたんです。

　女房は当初、焼肉屋をやりたがっていました。魚は築地とか特定の場所に入ってきて、そこから争奪戦みたいになりますが、肉って国産もあれば、アメリカやニュージーランドやオーストラリアからも大量に入ってくるじゃないですか。焼肉は大衆的だし、大抵の皆さんは好きだし、それだけの話なんですけどね。

　プロレスのように仕入れにやたらと金がかかって、純利益が悪い商売はもうやりたくないという女房の意見もありましたよ。ところが、決めていた物件の大家さんから、焼肉屋ということで断られてしまった。どうしようかと悩んでいる時期に、昔から仲良くさせていただいている銀座で寿司屋を経営していた小澤諭さんから、「儲からないけど、寿司屋をやってみればいいじゃない」と言われて。小澤さんがレシピから仕入れまでヘルプしてくれることになって、オープンできたんです。赤字になったら、さっさと止めようと思っていたんですが、結構長くしぶとく続きましたよ。

**まき代**　お寿司屋さんをオープンしたのは、もうWARを畳もうかと考え始めていた時期と被りますね。そろそろ天龍も「引き際」というのが頭にあったのが大きいです。その時点で、まさか65歳になるまで現役を続けているとは夢にも思いませんでした（笑）。

いつも周囲にたくさん人がいる生活をしてきた人間が、引退して急に周りに人がいなくなったら寂しいだろうなと思ったのが第一でした。だから、天龍の遊び場が必要だと思って、大きな借金をして、あの店を始めたんです。

本当は焼肉屋さんをやりたくて、そのつもりで物件も探していました。さすがに天龍源一郎の名前があるから、あまり田舎ではできないという意識があって、その変なプライドが先に立ったのがいけなかったのかもしれません。

かなりスペースのあるスケルトン状態の店舗を見つけて、4500万円もかけて内装工事を始めたんです。焼肉屋さんは、お客さんが自分で焼いて食べるから店員はあまり手がかからない。肉だけ切って、タレを用意しておけばOK。良い肉を入手するツテもあったので、焼肉屋さんを始めると言ったら、その段階になって大家さんから「そんなニオイの強い店舗はダメです」とNGが出てしまったんですよ。すでに内装工事を始めていましたので、「ダクトをビルの一番上まで上げます」と食い下がってもダメでした。

途方に暮れていたときに小澤の親方が協力を申し出くれたので、私は「ゼロからではなくて、10か20からのスタートならいいか」と。開店にあたって私もいろいろなお寿司屋さんに行って、実際に食べて勉強したんですが……そもそも私は魚が嫌いなんです(笑)。結局、焼肉屋さん用に借りたテナントを強引に寿司屋に改造してオープンすることになったものの、広い分、人手はいるし、妥協して始めてしまった私たちが甘かったですね。

天龍は47～48歳でしたから、2年後ぐらいの引退を見据えて、その頃にはお店が軌道に乗っていればいいなと思って頑張りました。まだ天龍も現役レスラーですから、ご飯はたくさん作らなきゃいけないし、毎日の買い物は行かなきゃならないし、それでいてお店の営業時間は長いし、WARの経理もやらなきゃいけないし、お寿司屋さんの経理もやらなきゃいけないしで……本当に大変でした。だから、まだ思春期の紋奈にとっては、ちょっと可哀想な時期ではありましたね。学校から帰ってきても家に誰もいないわけですから。

紋奈は中学生の頃には、もうお寿司屋さんの手伝いを始めていました。だから、あの子はどこの飲食業に行っても、すぐに使い物になると太鼓判を押してあげます。

私は魚のニオイもダメなんですよ。腐敗したような魚の内臓のニオイは、もってのほかですね。少しでも魚のニオイがしたら、何回も何回も掃除をやり直していたものです。

結局、「魚が嫌いだ」、「儲からない」と文句を言いつつ、お寿司屋さんは13年も続いてしまいました。WARの活動期間の約2倍ですよ！

**天龍**　女房の口から「寿司が嫌い」、「魚が嫌い」、「魚のニオイが大嫌い」と聞いたのは、寿司屋をオープンして何年も過ぎてからのことでしたからビックリしましたよ。

結婚後に一緒に寿司を食いに行っても、「タコやイカしか食べないな」と不審に思ってはいました。寿司屋なのに、店内に魚のニオイがまったくしないほど熱心に掃除しているなと思っていたら……そういうことだったんです。

結婚して20年近くすぎてから判明した衝撃の新事実でしたね（笑）。

**紋奈**　お寿司屋さんができたのは、中学校の終わりのほうでした。WARが解散する少し前ですね。

あの頃はお寿司屋さんの手伝いも、よくやっていました。巡業に出ていないときには、皿洗いをしたり、自転車で出前に行ったり、ホールスタッフをやったり。とにかく学校が終わったら、何かしらして働いていましたね。若い頃から働いていないと落ち着かないというのは、嶋田家の争えない血なんでしょうか（笑）。

# 第六章　家族から見た全日本プロレスへの電撃復帰

98年春にＷＡＲが団体活動を停止したことで天龍はフリーランスとなり、新日本プロレスを主戦場に活動するようになる。かつて抗争した平成維震軍に身を置き、同年7月には越中詩郎と組んでＩＷＧＰタッグ王座を獲得。さらに99年12月10日、大阪府立体育会館で武藤敬司を破ってＩＷＧＰヘビー級王座に就き、「2大メジャー団体の頂点のベルトを巻いた初めての日本人レスラー」となった。

天龍はＷＡＲの単発興行も開催しながら活動の幅をより広げ、インディー団体にも登場。2000年6月には冬木率いるＦＭＷに〝天龍の双子の兄〟と称するマスクマンの大ハヤブサが現れ、ファンを驚かせている。

この直前、全日本プロレスは再び存亡の危機に陥っていた。前月に社長を解任されていた三沢光晴が退団し、数多くの選手・スタッフが追従してプロレスリング・ノアが旗揚げされる。ＳＷＳ騒動以来の大量離脱で揺れる古巣の窮地を救うべく、天龍は10年ぶりの復帰を決意。7月2日の全日本・後楽園ホール大会に予告なしで姿を見せ、リング上で馬場元子社長と握手を交わした。

9月に全日本への「入団」を発表した天龍は所属選手として三冠ヘビー級王座や世界タッグ王座を獲得した以外にも、『チャンピオン・カーニバル』初優勝、「青春の忘れ物」だったアジア・タッグ王座初戴冠と充実した日々を送っていた。

しかし、2003年4月に全日本との契約が満了となり、その直前から参戦していたWJプロレスに主戦場を変える。新日本を離脱した長州力と永島勝司氏が立ち上げたWJはすぐに経営難に陥ったため、天龍は再びフリーランスとなり、翌年1月には全日本に電撃登場。同年夏からは再び新日本にも上がるようになり、2005年にはプロレスリング・ノアに初参戦するなどメジャー団体を渡り歩いた。

同年10月にはドラゴンゲートの顧問に就任。その後、ハッスルに初参戦したが、その直後にノアのリングで三沢との一騎打ちに臨むなど、50代になっても「面白ければ何でもアリ」の姿勢は健在だった。

**まき代**　WARを畳んで、気が楽になった部分はありました。事務所では外国人選手のギャランティーを支払うUSドル、カナダドル、メキシコのペソを揃えるのに追われたり、その両替だけで余計な経費がかかってしまったり、そういった雑務に追われてばかりでしたから。
私は「これでお寿司屋さんの経理や手伝いに専念できる」と、面倒事の多いプロレス業界から、すっかり足を洗ったような気分でいたんです。WARの残務処理を終えた弟も、約6年ぶりに元の不動産業界へ戻りました。でも、我が家にはフリーランスとなった天龍源一郎がいるわけです。WARの元所属選手たちに新たにフリーとして活動の場を紹介したり、斡旋したりする作業に追われていた武井と私でしたが、一番身近な場所に「ジャイアント馬場とアントニオ猪木に勝った」という経歴を持つ超大物がいたことを忘れておりました。

フリー選手となった天龍の交渉事は全部、私に降りかかってくるのは当然のことです。天龍は他団体のスタッフとスケジュールの確認やギャランティーの交渉等々が自分でできるタイプではありません。出場のオファーなどが来ても、「じゃあ、細かいことは女房と話してください」と早々に電話を切ってしまい、あとは私に丸投げするというパターンになりました。

13歳からプロ格闘技の世界で生きている天龍ですが、考えてみれば日本相撲協会、全日本プロレス、SWS、WARと常にどこかに所属した上で選手活動を行っていました。だから、48歳にして初のフリー体験ということになります。

こうして私は寿司屋に専念できることはなく、天龍の交渉役という新たな仕事にも追われることになりました。

**天龍**　団体の看板を下ろしてフリーとして活動し始めたら、久々に「プロレスをやってるぜ！」という熱い実感が凄くありました。天龍源一郎が頑張れば頑張るほど、太陽光線がすべて俺のための後光となっているような気分でしたね。自分のテンションを自分のためだけに上げていくのも楽しいし、リングで闘うことに生きがいのようなものを感じていました。これは本当に久々に味わう感覚でしたね。

フリーになって最初の主戦場となった新日本プロレスでは越中詩郎たちの平成維震軍に合流する形で、黒いハカマをはいて試合しましたよ。越中と組んでＩＷＧＰタッグ王座も獲得しましたし、充実していましたね。

新日本のシリーズに参加するのは約4年ぶりでしたが、驚いたのはＷＡＲがスタートした頃に俺たちと抗争を繰り広げていた維震軍がまだ存続していたことです。俺もかつてレボリューションを率いていただけに分かるんですが、反体制のポジションで、これだけ息の長いチームというのも珍しい。越中は全日本プロレス出身だけあって、さすがにしぶといですよ（笑）。

今考えると、経営者時代には「こいつらを食わしていかなきゃいけない」という自分の中でどこか逃げ道があったんです。「そのために俺は飲み込まなきゃいけないことがある」と。だから、フリーになってあらためて俺個人が生きて行く今後の目標がくっきりと明確になりました。

昔、一応形としては全日本プロレス所属になっていましたが、ほぼ放り出される格好だったアメリカ修行時代もそういう感じでした。他の選手と比べて、長いことアメリカ修行に行っていましたが、そのときにもっとも植えつけられた感覚は「行ったところでベストを尽くさなきゃ、次は声がかからない」ということなんです。

それを学ぶために何年も無為にアメリカ暮らしをしていた気もしますし、いろいろな失敗も含めて無駄ではなかったと思える自分がいますね。だから、俺はどこの団体に行っても、そのときそのときでベストなパフォーマンスをやってきた自信があります。それがひいては次のオファーへとつながったんだと思います。
65歳になるまで頑張ってこられたのも、「やれるという気持ちがある限りは、へこたれない」、「気力が萎えない限り、肉体も衰えることはない」という精神をあのアメリカ修行時代に植えつけられたからでしょう。

**まき代**　あの時代、天龍はIWGPヘビー級王者になったことを凄く喜んでいたのは憶えています。珍しくチャンピオンベルトを自宅にまで持ち帰ってきましたから。そんなことは初めてシングルのチャンピオンベルトを巻いたUNヘビー級王座のとき以来ですから、驚きました。
ヨソの団体の一番上にあるベルトを巻いたから、よほど嬉しかったんでしょう。これで「馬場、猪木に勝った男」に続いて、「三冠とIWGPの双方を初めて巻いた男」という称号も手にしたそうですが、凄いことをやっているわりに知名度は低いんですよね。やはり、あのどこか歪んだ性格が難点なんでしょうか（笑）。

**天龍**　フリーの選手というのは自由な半面、仕事が増えたり減ったりという波は当然のようにありました。
要はまだ俺自身が「フリー」という状態に慣れていないというか、なまじSWSやWARで経営者側も経験してしまいましたから、会社にも行かず雑務にも追われない状態がどこか落ち着かない。貧乏性ってヤツですよ（笑）。

試合も何もないときは、自分の寿司屋に行って、タダ酒を飲んでいるという……。あまりに試合のオファーがないと、「俺もそろそろ辞めていくときかな？」、「フェードアウトしようかな？」と、そんなネガティブなことばかり考えていました。忙しければ忙しいで、「面倒くせえな」とイライラしているというのに、我ながら自分勝手な男ですよ。

もともと引退後の生活を見据えて寿司屋をオープンしたわけですし、女房と「オファーが来なくなったら、そろそろ潮時ってことだね」という話もしていました。その代わり、闘う場がある限りは一生懸命やり続けると。これは相撲時代に培った「明日は明日の風が吹く」というヤツですよ。どんなにもがこうがあがこうが、ダメなものはダメですからね。

そういう意味では、家計を預かる女房がそんなことでいちいち落ち込むタイプではなく、常に前向きで、俺よりも肝っ玉が据わっていることに助けられました。いい根性しているんです。いつも「大丈夫よ。どうにかなるよ、お父さん！」という感じで元気づけられていましたね。こういうとき、逆に「どうなのよ？」「大丈夫なの？」と細かく精神的に追い込んでくるタイプの女房だったとしたら、「俺だって、もげてんだよ、この野郎！」となっていたと思います。女房があいうタイプだから、「とりあえず現状を頑張ればいいのかな？」と凄く落ち着いていられたことにも感謝ですよ。

フリーですから、それなりに営業活動をすることも大切だとは思うんですが、そこだけは夫婦がとても似通っている部分がありました。「そこまで落ちぶれていないわよ！」という感じで、こちら側から売り込みをかけるようなことは一切しませんでしたね。ダメならダメ、オファーがないならスパッと身を引くと。自分の納得しないリングにまで上がる必要はないという点では、見事に意見が一致していました。

その後も何回となく、何ヶ月も試合がないという状態の時期がありましたよ。そういう精神状態のときは、テレビや雑誌で自分とは無関係のプロレスを目にしても、「ショッパイな」、「相変わらず、しょうもないことやってやがんな」と思っていましたね（笑）。俺は馬場さん、猪木さんに勝った男だし、三冠もＩＷＧＰも巻いている男だから、「敷居が高くなりすぎて、逆にオファーしづらいのかな？」なんて勝手に考えたりして（笑）。

いろんなところから声がかかっていた時期もあるんですが、そんなときでさえ、納得もできない変なところから声がかかったら、俺よりも先に女房が「止めておいたほうがいいよ」と言っていた記憶があります。もしかすると、そんな時期、俺の耳に入るまでもなく女房が握り潰していたオファーもあったのかもしれません。

**紋奈**　父がフリーランスとして新日本プロレスに上がっていた頃は、私がちょうど中学から高校に上がる時期でした。

エスカレーター式に、ほぼ１００％の確率で高校には上がれる学校でしたが、一応は試験や面接もあるんです。当然、その際に学業成績も考慮されるわけですが、担任の先生から「嶋田さんはお父さんの仕事を手伝っていて、それは偉いけど、高校は単位制になって、成績ですべて左右されるから中学までのようにはいかないのよ。それでもちゃんとやっていく自信はある？　このままだと高校でダブリ（留年）ますよ」と厳重に注意されました。

やはり私学に通わせてくれている両親のためにも高校には行きたいし、同時に自分の夢も追い続けたい。その場で「両立してみせます！」と先生にタンカを切って無事に高校には進めたんですが、高校に入った頃にはもうWARの巡業はなくなっていました。そのまま巡業生活を続けていれば、高校を卒業できなかったのは明白ですし、女子プロレスラーになるという夢も父の見事なまでの一言で完全に消えていましたから、自分の人生を考えるのならば、WARが解散し、巡業がなくなったのもタイミングとしては悪くはなかったのかもしれないです。

そして、卒業を控えた中学3年のとき、また少しやさぐれ始めていた私に突然、希望の光がさしました。それが当時、新日本プロレスに所属していたケンドー・カシン（石澤常光）の存在です。

どうして好きになったのか今となってはよく分かりませんが、その姿を見てしまったときから、頭の中がカシン一色になってしまいました。試合、支離滅裂な言動、テーマ曲、マスク……もう全部が好きなんです。

高校に入ってからも、教室で「カシン！　カシン！　カシン！」と言い続けていて、どこにでも似顔絵を描いたり、学校の背もたれに「カシン！　LOVE！」と手書きしていましたから。クラス中のみんなが私の「カシンLOVE」を知っている状態です。「なんだっけ？　あの頭の後ろにペロンって付いている人」みたいな感じで、よくからかわれていました。

その頃、父は新日本プロレスに上がっていたので本物のカシンと接点があるわけです。私に「お前、あいつ難しいぞ。相当変わってんぞ」などと言ってくるのですが、私のカシンLOVEは「そんなの慣れてるよ。そこがいいんだよ〜」と微動だにもしませんでしたね。

WARでいろいろなプロレス、プロレスラーを見てきて、たどり着いたのが「カシン、ぶっとんでるな！」と。私のカシン狂いを父も母も知っていたので、お寿司屋さんに「石澤」の名前で予約が入ったりすると、母から電話がかかってきて「今、石澤という人から予約が入ったんだけど、もしかしてカシンじゃない？」と言われ、私も慌てて「何時？　今からお風呂に入って、すぐに行くから！」みたいな。母も調子に乗って「じゃあ、タクシーに乗って来なさい！」と焚きつけてきて、バッチリとめかしこんでお店に着くと、全然違う石澤さんというオジサンが普通にお寿司を食べていたりするという（笑）。

ある日のこと、父が頼んだのか、長州さんが本物のカシン…素顔の石澤さんをお寿司屋さんに連れてきてくれたんですよ。レフェリーのタイガー服部さんも一緒でしたね。父が「お前、写真を撮ってもらえよ」と言い出して、私は恥ずかしいから断っていたら、石澤さんは「じゃあ、お姫様抱っこで」と言ってくださいました。もう恥ずかしくて恥ずかしくて……。

わざわざマスクも被って、ちゃんとケンドー・カシンに変身して、お姫様抱っこをしてもらったんですが、その時期も私は結構重量がありましたから、恥ずかしくて顔が真っ赤ですよ。実際に重たかったと思います。カシンはその翌日も試合だったんですが、報道を見たら「腰痛悪化のため欠場」になっていました（笑）。凄いですよね。これだからカシンが好きなんです！

最高ですね。その夜、カシンからは「ちゃんと勉強しろよ」とも言われました。

今もこういう職業（天龍プロジェクト代表）ですから、私の中で勝手なプロレスラーのランキングというものがあるんですが、カシンは今でも不動の1位です。だから、私は「カシン」と呼び捨てにしていますし、キャーキャー言っているファンのレベルで好きなんですよ。三十路を過ぎた今でも、あの入場テーマ曲が流れた瞬間に顔が真っ赤になって、メッチャ女の子になります。

カシンが好きになってから、どこか父のことはどうでもよくなり、会場に行っても天龍源一郎はそっちのけでカシンのことばかり見ていました。だから、私に「親離れ」をさせてくれた存在がカシンだったのかもしれません。

## プロレスの師匠・ジャイアント馬場が急逝

**天龍**　あの日は銀座にある小澤さんの寿司屋にいて「馬場さんが亡くなった」と聞き、絶句しました。「じゃあ、今日は馬場さんの供養も兼ねて」と朝まで飲んだことを憶えています。

馬場さんの体調が悪いというのも知りませんでしたし、病院に入っているらしいという噂は耳にしていましたが、「検査入院かな？」と思っていたんですよ。普段から非常に身体に気を遣っていた人でしたからね。

結局、別れたままになってしまいましたが、本当にいろんなことがありました。なんて言うのかな……記者の人たちから常に馬場さんの情報などは聞いたりしていたので、離れてはいましたが、遠いという感覚はなかったんです。もちろん急に亡くなって驚きはしましたけど、後悔のあるような付き合いでもなかったですし、もう腹いっぱい付き合ったからという気持ちが俺の中にはあるんですよ。

それは三沢のときもそうでしたし、阿修羅のときも、冬木のときも……。だから、存命中に腹いっぱい言いたいことを言い合ったから、亡くなったときは「順番だな……」と。天命論と言えば格好いいですが、俺はそういう感覚です。「いずれ俺も行くよ」というのが正直なところですよ。

**紋奈**　馬場さんが亡くなられたときのことは、よく憶えていないんです。家で葬儀に行く行かないという話をしていて、父は「どの面を下げて行くんだ?」と言っていました。

鶴田さんが亡くなられたときは、「あんなに誠実に生きてきたジャンボ鶴田が天龍源一郎よりも先に亡くなるなんてことはないよな……」と言っていたことを憶えております。

私が印象に強く残っているのは、三沢さんが亡くなられたときなんです。家族で一番最初に連絡を受けたのが私でした。ちょうど父がハッスルに出ている時期で、ハッスルの広報の方が父も母も携帯に出ないからと私に電話をかけてきたんです。

「こんな夜中に、どうしたんですか?」と聞いたら、「紋奈さん、ちょっと伝えて欲しいことがありまして……。三沢さんが亡くなりました」と。母はまだ起きていて、父は寝ていました。

だから、私は父を叩き起こして「大将、三沢さんが亡くなったんだって！」と伝えたら、「えぇっ！」とそのまま上半身だけ起き上がりました。その姿がとても印象に残っているんです。

## なぜ天龍源一郎はプロレスを続けられたのか？

**天龍**　フリー選手というのは、ヒマなときは本当にヒマなんです。だから、ジムへ行ってベンチプレスをやったりしていました。

試合をしていないと、ケガをしませんよね。身体が傷まないからなのか、180キロ、190キロ、200キロ、210キロと、どんどん挙げられる重量が上がっていくわけです。試合もないのに毎日毎日、ジムに行っては、ベンチプレスの重量だけが上がっていく。ベンチ台から身体を起して目の前の姿見を眺めながら、「俺、一体何をやってんのかな？」と思うときもありましたよ（笑）。

力が有り余って、ベンチプレスの重量が上がっていくのに、仕事の声はかからない。スポーツ選手として実に複雑な心境なんですが、その後に寿司屋に行ったりして、時間を潰す場所があったから助かっていた部分もありました。まあ、寿司屋のほうも決して儲かっている状態ではなかったんですけどね。

この年齢までプロレスをやれた秘訣は……若い頃は飲んでいる席でタバコを冗談で格好つけて吹かしていましたが、吸ってはいなかったんです。本格的にタバコを吸い始めたのは50歳を過ぎてからですよ。全日本プロレスは馬場さんの葉巻は有名ですが、タバコを吸わない連中が多かったです。

極論を言ってしまえば、食い物を非常に一生懸命食べたということも良かったのかもしれません。食べるときは一生懸命に食べるんです。これはフロリダ時代に一緒だったマサ斎藤さんの教えです。

若い頃は、酒もまあまあという程度だったことも良かったのかもしれません。若い頃から浴びるように飲んでいたら、とっくに身体を壊していたでしょう。俺の場合はある程度の年齢になって、特に40代を過ぎてからの暴飲暴食だったから内臓が持ったのかもしれないですね。

相撲の世界で「最低のちゃんこ」と言われるのがイワシなんです。当時は「イワシなんか食わせやがって」と文句ばかり言っていました。特に俺が所属していた二所ノ関部屋は所帯が大きいため、経済的な事情からもイワシが出てくることが多かったと思います。それが今になって、「イワシは身体にいい」と言われていますからね。

成長期にイワシをたくさん食べさせられて、ほかにも豆腐など安くて量を食べられるものを摂取していたのが良かったのかなと思います。詳しい栄養学のことは分かりませんが、たまたま肉体が成長していくタイミングで、たくさん摂取しておくと身体に良い食材を食べていたんでしょうね。

俺がケガが少なかったのは、若い頃から相撲の四股で異常に下半身が鍛えられていたことが大きかったかもしれないです。体幹がしっかりしていたせいで、20代後半から取り組むことになるプロレス流のトレーニングや受け身、慣れない動作にも身体が適応できたのかなと。

巡業中に若い連中を引き連れて、毎晩飲み歩いている俺に対して「そんなことをやっていたら、身体を壊すよ」と心配してくれていた鶴田選手が早く亡くなって……。俺が若い頃、アメリカでマサ斎藤さんから教えられた「プロレスラーは一生懸命食べる」ということを、30歳を過ぎて結婚してから1食7品の料理で徹底して支援、実践してくれた女房のおかげですよ。

俺が一番いい身体をしていたのは、全日本を辞めてSWSに行くまでの半年間ぐらいですが、パワーの指針となるベンチプレスの数値が一番良かったのは51歳のときに挙がった215キロが最高なんです。

**まき代**　つい先日、天龍に健康診断を受けさせましたら、先生から「あと20年は生きる」と言われてしまいました。私が思わず「先生、この人はあと20年も生きるんですか？」と泣きついたら、隣で本人が「おい、おい」と突っ込んでいましたよ（笑）。
65歳になっても尿酸値が少し高いぐらいのもので、あとは血圧やら何やらはみんな素晴らしいと。血液もキレイだと言われました。あれやこれやとひどい数値が出てしまった私とは大違いで、健康そのものだそうです。

## 〝天龍の双子の兄〟大ハヤブサがFMWに降臨

**天龍**　あれは冬木からの要請で、FMWの後楽園ホール大会に出場したときのことですね。その年の1月4日、新日本の東京ドーム大会で佐々木健介に敗れた俺はIWGPヘビー級王座から転落して、ちょうど肩書きも外れたことだし、また新しい何かを探している時期でした。

当時、FMWのリングからはエースのハヤブサが消えている状態で、彼は素顔のHというキャラクターで試合をしていたんですよ。ちょうどハヤブサがいないのなら、俺がなってやろうじゃないかと。あれは俺から冬木に「インパクトがあって面白いだろう？」と提案してやったんです。冬木は「マジですか？」、「そんなのやっていいんですか？」と驚いた顔をしていましたが、男に二言はないですからね

こういうのは、自分で「やる」と言うからいいんです。もし冬木のほうからこんな提案をしてきたら、「ナメんじゃねえ！」と殴ってやりますよ。俺はヘソ曲がりの天邪鬼ですからね。自分で言うのも何ですが、俺のこういった提案は意外とハズレたことがないと自負しています。たぶん、普段は仏頂面でリングに上がっている天龍源一郎が思わぬことをやったという落差が驚きやサプライズとなり、みんなビックリして楽しんでくれているんでしょうね。

大ハヤブサでの登場が終わった後、あくまで謎のマスクマンですから、控室でいちいち新聞記者に無駄なことを聞かれるのも鬱陶しいと思い、そのままシャワーも浴びず、ペイントも落とさず、下のニッカポッカみたいな衣装も足袋もそのままで車に乗り込み、自分で運転して自

宅へと帰りました。

さすがに運転中は覆面は取りましたけど、水道橋から車を飛ばして、高速道路に乗ろうと皇居のあたりを運転していたら、警備の人に止められて「その格好はどうしたの?」といろいろと尋問されましたよ。でも、その場でハヤブサという覆面レスラーが今はHという名前でやっていて、そのため俺が彼の助っ人としてFMWに参戦して……なんて面倒な説明をするわけにもいかないので、俺も観念して「プロレスラーの天龍源一郎です。今、後楽園ホールで試合をやった帰りでして」と説明したら、「ああ~っ! どうぞどうぞ!」と警備の人が呆気に取られた表情で通してくれましたね(笑)。

その日はちょうど、昭和皇太后(香淳皇后)がご逝去されたとあって、皇居付近は特に警備が厳重だったそうです。そんなところに、よりによってあんな格好で車を運転していたら止められて当然ですよ。やっと帰宅すると、今度は女房が「えっ……そのまま帰ってきたの?」と驚いていましたね。

**まき代**　あの当時は私が交渉事をやっていたにもかかわらず、あの日に限っては旧知の仲である天龍と冬木君の間で勝手に決めてしまって、あんな格好をして……腹立たしかったですね。きっと私に相談すると、反対されると思ったんでしょう。あんな格好のまま帰ってきて、「警察に捕まっていた……」とか言うから、何事かと思いましたよ(笑)。

あの大ハヤブサのときに、おかしな格好をして会場をビックリさせる快感を覚えてしまった様子で、それが後のハッスル参戦へとつながったんだと思います。

**天龍**　大ハヤブサをやる直前、三沢が全日本を退団したのは寝耳に水でした。元子さんとうまくいっていないという話はチラホラと聞いていましたが、そこは三沢のことだから、うまくやりくりしながら、やっていくんだろうなと思っていましたよ。まさかあんな形でケツをまくるとは露ほどにも思っていませんでした。

ちょうど俺の全日本離脱から10年後のことですよね。後になってから、三沢と非常に親しい人から聞きましたが、三沢は三沢で我慢に我慢を重ねていたようですね。

## 恩讐を越えた古巣・全日本プロレスへの復帰

**まき代**　全日本プロレスから復帰のオファーが来たとき、私は強硬に反対しました。

やはり辞めたときにバッシングを受けたり、陰口を言われたり……。そんなことをされたところに戻る必要はない、というのが私の考えでした。最終的には、天龍の意見を受け入れましたけどね。

**天龍**　全日本を辞めてSWSに移籍するときに、いろいろと書かれたりした過去がありましたから、まき代は大反対していました。俺としては、それが意外だったんですよ。やはり腑に落ちない部分があったんでしょうね。

俺は三沢が出て、このままでは全日本プロレスが危ないというから、「今しか行くときはないな」と。俺が行くことで、少しでも手助けになればいいという気持ちでした。何のわだかまりもなかったですね。離れていた10年間も常に「全日本に負けたくない」と意識して過ごしてきたので、とても身近に感じていたんだと思います。

復帰することが決まって、後楽園ホールで唐突にリングに上がったとき、俺のテーマ曲が流れて、リングに上がるまでの間の感情の昂りは、自分でも不思議に感じました。「なんでこんなに興奮しているのかな?」と。通路から入って行くときのデビュー戦よりも不安な気持ち、場内へと入って行ったときの拍手と歓声……プロレスファンの温かさを知ったと言いますか、今でも忘れられない光景です。「ああ、加勢に来て良かったな」と思いましたよ。

もう馬場さんも三沢もいなかったものの、全日本プロレスの風景は変わっていないように感じられました。あのときの拍手が物語っているように、これで形はどうあれ「また全日本はやっていってくれるんだな」というファンの皆さんの期待だと受け取りましたよ。当初は元子さんから「加勢に来てくれますか?」という話でしたが、俺は片手間ではなくて、入団することでケジメをつけて欲しかったんです。だから、2ヶ月後に正式入団しました。人生2度目の全日本プロレス入団ですよ。

**まき代**　あの日は夜にディファ有明でＬＬＰＷの興行があり、天龍は神取忍さんと一騎打ちをやりました。神ちゃんが天龍にボコボコに殴られて、腫れ上がったひどい顔にされた試合です。天龍はその前に後楽園ホールに出向き、全日本プロレス復帰の挨拶をしたんですよね。

天龍の復帰プロジェクトは、ほぼ極秘で進められていましたから、マスコミの中でも知っている人はほとんどいませんでした。全日本内部でも知っていたのは、元子さんと和田京平さんぐらいです。

全日本復帰に向けてマッチメークや契約の話をするときは、いつも天龍と2人で全日本プロレスの事務所に赴きました。あちらはオーナーの元子さんだけです。

全日本とは「年間○○試合しかしません」と試合数で契約しました。その頃は天龍もそれほど試合をしていませんでしたし、全日本の大会に全部出てしまうと過去1〜2年間の試合数よりもはるかに増えてしまうわけです。だから、私は内心では「できるかな?」と不安もありました。その年、ちょうど50歳になったわけですし、もう若くはございません。

昔は年間200試合近くもやっていた時代はありましたが、ここ数年はせいぜい30〜40試合。昔の勘や体力が戻ってきたとしても、多くて年間80試合ぐらいまでだろうと。そこで私は「頑張っても年間60試合ぐらいにして下さい。もしそれを超えるのであれば、そのときの体調と相談しましょう」と提案しました。

待遇面でも電車移動はグリーン車、飛行機移動はビジネスクラスなど細かいことまで取り決めました。なぜなら、後になってそういうことで揉めるのが嫌だったからです。ギャランティーの振込日も指定させていただきました。全日本を辞めるときのゴタゴタや裁判などを経験しているので、私はもうそういう思いをするのが嫌だったんですよ。おそらく元子さんは、「なんでこんな細かいことまで……」と驚かれたと思います。

元子さんからは、「3年ぐらい契約していただけませんか？」と言われました。私は「3年もできないかもしれません。1年か2年にして欲しい」と提案したんですが、元子さんも「とりあえず3年。5年でもいいわ」と譲りません。結局はひとまず3年契約ということで落ち着き、天龍にはその間、身体に鞭を打って頑張ってもらうことになりました。しかもフリーという立場のままでは落ち着かないとあって、きちんと所属契約を結び、根本から全日本プロレスを支えるという立場になったんです。

そんな交渉事を繰り返していくうちに、やはり元子さんの勇気は凄いなとも思いました。私にはできないことです。

当然、元子さんの中にも10年前に全日本を出て行った天龍に対して腹に一物はあるわけです。そこを京平さんや全日本に残った社員の人たちが「元子さんがここで折れて、天龍さんに出てもらわないと団体を存続するのは難しい」と一生懸命訴えたんだと思うんです。

元子さんは変わっていませんでしたね。基本は昔と一緒のままです。変わったのは、これまで「源一郎君」「天龍君」だった呼び名が「天龍さん」になったことぐらいでした。

そんな感じでその頃は天龍と私がしょっちゅう全日本プロレス事務所の応接室で元子さんと打ち合わせをしていたんですが、そうすると川田君が「一体何の話をしているんだろう？」とヤキモチをやくわけです。単なる交渉事なんですけどね（笑）。

ほかにもサービスというわけではないんですが、お寿司屋さんをやっていましたから、「チケットはこちらでも売ります」という話もしました。お客さんに脅迫する感じで売っていましたよ（笑）。だから、大きい大会では、いつも100～200枚は『寿司処しま田』でさばいていました。当時は日本武道館大会のチケットが、すぐに100枚は売れていましたね。


**紋奈**　父の全日本プロレス復帰は、普通に「良かったな」と思いました。

あの復帰は結局、それまで本心や真実というものが表に出ず、ここまでガムシャラに生きてきた天龍源一郎がいて、馬場さんが亡くなったときにも手を合わせに行くことも許されず、それが巡りめぐって「天龍を呼ばなきゃ全日本プロレスを守れない」と全日本側から言わせたということですよね。

それにより、父の中では何かがリセットされたんだと思います。それは全日本時代に父が天龍同盟で一世を風靡したからではなく、離れていた期間も死に物狂いで生きてきた証があったからだと私は思うんです。

だから、もう馬場さんはいないけれども、そこを認めてもらえた、水に流せたことが良かったなと純粋に思いました。

あの日はずっと父と一緒で、私も後楽園ホールに行きました。私は座席から観ていたんですが、父が入場する前、元子さんと渕さんと川田さんが先にリングに入ったあたりから母の携帯に電話して、父が10年ぶりに全日本のリングに上がる様子を実況中継して伝えました。

私も母も泣きながら会話しましたよ。父が入ってきたとき、本当に涙がこぼれ落ちる寸前のような表情になっているのを見て、「ああ、良かったんだな」と実感しましたね。

## WJプロレスが崩壊し、53歳で再びフリーランスに

**天龍**　天龍源一郎はよく「昭和のレスラー」と言われますが、今になって年表を振り返ると、昭和どころか平成時代、いや21世紀になっても全日本プロレス所属で実にアグレッシブに活動しているんです（笑）。

01年の4月には『チャンピオン・カーニバル』で初優勝していますし、5月5日にはFMWの川崎球場大会で冬木と最後の一騎打ちをしました。レフェリーは阿修羅でしたね。そして、6月の全日本の日本武道館大会で新日本プロレス所属の武藤敬司に敗れて、三冠ヘビー級王座から転落するわけです。この試合こそが、今考えると本当の意味で「天下分け目の対決」だった気がしますね。

全日本の至宝を、よりによってライバル団体のエースに敗れて流出させているわけですし、その相手の武藤が翌年に全日本プロレスの社長になっているわけですから。この時期のマット界は、本当に混沌としていましたね。

俺がフリーとはいえ外敵の立場で、新日本からIWGPヘビー級王座を奪い取った相手も武藤でしたから、それを考えると世紀末から21世紀初頭にかけての俺のライバルはムタも含めて

武藤だったということかな。それにしてもジャンボ鶴田といい、俺のライバルは山梨県出身者が多いですね（笑）。

**紋奈**　その頃は、あまりプロレスを観ていませんでした。結局、高校はダブってしまい、辞めることになって、通信制で単位を取ってなんとか卒業しました。就職は一切考えていませんでしたね。なぜなら大学へ行こうという野望が芽生えていたからです。

当初はすぐに働く気だったんです。でも、母が「お父さんもお母さんも大学に行ってないから」と進学を勧めてきて、私の学力でも面接だけの推薦で入れそうな大学を母が見つけてきてくれました。

でも、その面接試験当日に寝坊してしまいまして……（笑）。結局、父も母も私も夢だった女子大生ライフはあきらめて、寿司屋と他にもバイトを2つ掛け持ちして生きておりました。私も母に似て朝が弱いので、夜のバーで働き始めてバーテンさんの修行をしていたんです。まだ未成年でしたけど（笑）。

父は「お前のやりたいようにやれ」という感じで何も言いませんでしたね。母からはチクチクと言われておりましたが……。

**天龍**　全日本プロレスとの3年契約は、03年4月で満了することになっていたんです。武藤が新社長となり、新体制になった全日本に俺が居座っていたら何かとやりづらいだろうとも思っ

全日本プロレスに再入団していた時期のハワイ旅行。当時、紋奈は19歳。

ていましたし、ちょうどいい機会だから契約の満了をもって全日本を離れることにしました。

「さあ、これからどうするかな?」と思っているときに、今度は長州選手がWJを旗揚げすることになって、俺も誘われました。今にして思うと、WJも凄くバラエティーに富んだメンバーが揃ってはいたんです。長州力がいて、大仁田厚がいて、越中詩郎がいて、佐々木健介もいて、天龍源一郎もいて……あっ、谷津嘉章もいたな(笑)。そんなに落ちる顔ぶれではなかったはずなのに、どこでどう歯車が狂ったのか、俺もよく分かりません。まあ、今さら何を言っても仕方ないことですが……。

**まき代**　全日本が武藤社長体制になって、

元子さんの条件は「今いる選手と社員は全員、武藤さんが引き取る」ということでした。ギャランティーも条件もそのままで、分かりやすく言えば、「前からいる人たちを邪険にしないでね」ということです。

天龍にしても武藤さんの好敵手だったわけですし、別に新体制で悪いポジションに置かれていたわけではないんです。それなのに、「武藤が社長でやっていくのに、俺がいたらやりにくいだろう？」と自ら身を引いてしまうわけですよ。そうすると、月給がなくなるというのに……。すべてがお金につながるわけではないんですが、天龍は損得抜きでそういう配慮をしてしまう人なんです。考え抜いた末の結論だと思いましたから、私はその判断に従いました。

元子さんを助けるために全日本に来て、その元子さんがいなくなった以上は自分が全日本にいる必要もないと自ら引き下がって、生き方としては非常に格好いいですよね。惚れ直してしまうほどです。でも、だから貧乏なんです、あの人は（笑）。

そんなタイミングで、新日本プロレスを辞めた永島さんからWJの話が持ち込まれました。いろいろありましたが、簡単に説明すると、WJは永島さんと長州さんがいいスポンサーを見つけてきたということでしょう。天龍と全日本の契約は03年4月までで、WJの旗揚げが3月と被っていますが、そこはきちんとお話させていただいてクリアしておきました。

当初はスポットで参戦というお話だったのですが、2度目の全日本入団のときと同様に天龍はWJの所属になりました。事務所に呼び出されて、そういう話になり、本人が簡単に「いいですよ」と言って帰ってきたことを憶えております。

私の本心を言えば、「新しいスポンサーを見つけてきて、ジャパンプロレスのときと一緒だな……」と思っていたんですが、悪い予感は当たるもので、最後は未払い金などの問題で凄く嫌な思いをしました。

その頃、我が家も決して生活は楽ではありません。そんな苦しい時期に佐々木健介さんが試合中のケガで入院することになったときは、天龍があちこちからお金をかき集めて、それを持ってお見舞いに行っていました。自分だって明日のお金がないというのに、天龍はそういうことをする人なんです。究極の「いい格好しい」ですね。

その後に上井文彦さんが、両国国技館で長州さんと健介さんの一騎打ちを組んでしまったことがありますよね（05年8月4日＝両国国技館『WRESTLE－1 GP』）。天龍も「絶対に何かあるから止めろよ」と注意していたのに、上井さんが2人に試合をやらせてしまった。そうしたら案の定、試合後に裏で大喧嘩になって……。

天龍はその場にいたので、最初はそばにいたマグナムTOKYOに「止めて来い！」と命じたんですが、彼の力では止めきれなくて、自ら出て行って喧嘩を止めたんですよ。

**天龍**　WJが崩壊して再びフリー選手に戻りましたが、04年あたりからの活動歴を見ると、もはや団体の壁などないぐらい幅広く活動していましたね。この頃はもう自分の終着駅が見えていましたから。それをチラチラと見据えては悔いのない活動しようと考えていたからなのか、日本マット界全体がボーダーレスな時代に突入したからなのか……。

その時期は何でも自分で体感して、ああでもないこうでもないという自分なりの、自分に対する評価を持ちたいなとは思い始めていました。だから、どこの団体に対しても食わず嫌いしないという。「何をやっても天龍源一郎だから」というものが、自分の中のうぬぼれとしてあったのかもしれないですね。もう54歳になっていましたけど、不思議と体力的な衰えは感じていなかったですね。

50代半ばにして、俺は超売れっ子レスラーになっていましたよ（笑）。WARを解散した直後は「フリーランス（組織に属さない）」のレスラーという感じでしたが、この頃の俺は同じフリーでも「フリーダム（自由）」なレスラーという感じでした。

フリーランスになって以降の幅広い活動の中で、全日本時代に渕正信とアジア・タッグ王座を獲得してしまったことだけが唯一の汚点ですね（笑）。ついつい試合で頑張ってしまい、勝利してしまいましたが、あの渕正信に栄冠を与えてしまったことは深く反省しています。

あのチャンピオンベルトそのものは俺にとって「青春の忘れ物」ですが、栄光のアジア・タッグ王座の歴史に渕正信の名前を刻んでしまったことは、プロレス界の大先輩たちに申し訳ない気持ちでいっぱいです。痛恨の極みですね。我がプロレス人生最大の……いや、人生最大の痛恨事です（笑）。それに石川敬士をSWSで復帰させたこと、グレート小鹿さんをWARの営業職でプロレス界に戻してしまったことも後悔していますよ（笑）。

# 第七章　家庭内でも意見が対立……ハッスル参戦は是か非か？

05年後半から09年にかけて、天龍はプロレスリング・ノア、ドラゴンゲート、健介オフィス、ＬＬＰＷ、全日本プロレス、新日本プロレス、リアルジャパンプロレスなど数多くの団体に上がったが、主戦場にしていたのは「ファイティング・オペラ」と称するエンターテインメント色の濃いプロレスを展開し、賛否両論を巻き起こしていたハッスルである。

05年10月27日の後楽園ホール大会に大ハヤブサの姿で登場した天龍は、続く11月3日の横浜アリーナ大会で安田忠夫と組み、初代ハッスル・スーパータッグ王座を獲得。当初はハッスル軍vs高田モンスター軍の抗争と別枠で出場していた。

だが、06年8月に「モンスター大将」として高田モンスター軍に加入し、遂にメインストーリーに足を踏み入れる。その流れから、お笑い芸人であるレイザーラモンＨＧやレイザーラモンＲＧ、女性タレントのインリン・オブ・ジョイトイとも対戦。07年6月17日には、さいたまスーパーアリーナでＨＧとマスカラ・コントラ・ハゲドラ（ＨＧはマスクを賭け、天龍は敗れたらハードゲイになる特別ルール）を行い、まさかのフォール負けを喫する。高田モンスター軍を追放された天龍は7月11日の後楽園大会でルールに則ってHGばりのハードゲイ・スタイルを披露し、ハッスル軍に加入することになった。

一時期は隆盛を誇ったハッスルだったが、09年に入ると経営難が露呈し、なし崩し的に活動を停止。翌年、天龍は自身が闘う場として新団体『天龍プロジェクト』を立ち上げることになる。

**まき代**　前回のフリー時代は全日本プロレスに再入団したり、WJにも入団しましたが、天龍が団体の所属になれば、後はそれほど私が介入することはなかったんです。

WJがおかしくなって、天龍が2度目のフリーランス生活に入ると、交渉役やマネージャー役は再び私がやることになりました。前回同様、天龍自身が交渉することはほとんどなく、基本的にすべて私に丸投げです。

だから、私は団体さんからの連絡は受けますが、出るか出ないかは天龍の意思次第。本人がOKしたら、日程やギャランティーの話、対戦カードや宿泊先の確認など細かい作業は全部、私がやることになります。

05年8月にドラゴンゲートが『お台場冒険王』というイベントで毎日試合を提供していたことがあるんですが、天龍はストーカー市川選手と真面目に対戦していました。「ジャイアント馬場とアントニオ猪木に勝った男がそこまでやるか？」とおっしゃる方もいるかもしれませんが、それも天龍ならではの「人を驚かせてやろう」というサービス精神のようなものなんです。反対に天龍が「出たくない」と言っても、「ここはグッと堪えて出てください！」とお願いされるオファーもありました。ハッスルはそうでしたね。やはり本人は、最初は吹っ切れなかったみたいです。

**天龍**　究極を言ってしまえば、ハッスルに出たのは「嶋田家と寿司屋がうまくいくように」という世間体のためです。天龍源一郎がこれだけ振り幅の大きさを証明してきて、それまでとはまったく逆のベクトルにあるハッスルに行ったら、また注目を浴びるだろうなという下心もありましたよ（笑）。

ハッスルから声をかけられる直前あたりのことかな……ウチの寿司屋にハッスルを観てきたというお客さんが来て、「ありゃ、とんでもないところだよ」と。そういう悪い噂しか耳にしなかったですね。俺が聞いたのは悪口ばかりです。そういう先入観もあって、俺の中でハッスル出場という選択肢はなかったんですよ。

ところが、その直後ぐらいから、安生洋二がしょっちゅう店に来て、「天龍さん、ハッスルに来て下さい」と誘ってきたんです。安生は、「面白いことをやりたいんです！」と夢を語っていました。無下に断るのも悪いし、1回ぐらい映像を観ておこうかと思って、観せてもらったのがインリン様と川田が闘っている試合でした。

その試合は川田が一旦3カウントを取ったんですが、インリン様が手にしていた鞭がセカンドロープに巻きついていて、「鞭は身体の一部」という裁定で無効試合になったんです。そのときに「これ、ヤラセでやってんの？　それとも偶然なの？」と興味が湧いてしまったんですよ。仮にヤラセでやっているなら、凄い完成度だなと。あのＷＷＥでも追いつかないような完成度ですよ。そこで「これなら俺もからんでみようかな？」と思ってしまったんです。あとで聞いたら鞭の件は単なる偶然だと言われて、「なんだよ、そりゃ!?　川田の野郎！」と思いましたよ（笑）。

俺もいろんなプロレスをやってきて、ここから前に行くとしたら、もうハッスルしかないと。これまで応援してくれていたファンに「えぇ〜、そこに出るの？」と思わせて、ＨＧやＲＧと試合するところにまで行き着いて……「これで嫌だと言われるなら、これまで天龍源一郎を応援してくれてきた人たちがいなくなってもいいや」と腹はくくっていました。嶋田家の家長として家族を養っていかなきゃいけないのも確かだし、寿司屋も閉めなきゃいけないという状況になっていたことも事実ですしね。

プロレスに未練はありましたよ。だから、ハッスルに行ったのかもしれないですし、もしかしたら天龍源一郎への未練かもしれないです。

娘はハッスルに出場することに大反対でしたね。俺にハードゲイの格好をさせたハッスルの連中をいまだに許していないそうです。

俺は女房や娘のほうが「天龍源一郎」という偶像を作っているんじゃないかと思うこともあるんです。だからこそ、「そこを崩して欲しくない」、「あえて崩さなくてもいいんじゃないか？」

という反発もあったんでしょう。

俺が「家族のために」と口にすることを彼女たちは凄く嫌がるんです。女房も娘も「私たちのために、そんなことまでして欲しいとは思ってないよ！」と言うでしょうね。俺は俺で勝手に「家長として」と自分を納得させようと思っているのか……それは分からないですけどね。

やはり世間の話題に上がるというのは、メトロノームじゃないですが、右か左かしかない。だから、俺は相撲からプロレスに転向したときも「負けてプロレスに入るのは当たり前」と、あくまで勝ち越して入ることに強くこだわったんです。ＨＧの格好をしたときも、「これは面白いだろうな」と。あの衣装を試着して鏡の前に立ったとき、「たぶん、お客さんはビックリするだろうな」と笑みがこぼれました。お客さんが驚いて喜んでくれれば、それでもう満足ですよ。

あの髙田延彦がテーマ音楽に乗って後楽園ホールのバルコニーに現れる前に一生懸命セリフを覚えようとしている姿を見たとき、中途半端にゴチャゴチャ言っている俺が女々しいと思ったんです。「やるんだったら、吹っ切れよ！」と自分を鼓舞している天龍源一郎がいました。

嫌だったら、辞めちゃえばいいんですよ。誰も文句を言いませんよ。確かに潰れるまでは、いいギャラをくれていました。それが目的でハッスルに上がっているんじゃないと思われたければ、それ以上にいいものを見せて、お客さんに「面白いな」と思わせれば勝ちなわけですし、そんなお金がいらなければ「ファッ◯・ユー」と言って辞めれば、誰も止めませんよ。そんな感じで心の中で葛藤しながら、ハッスルには上がっていましたね。

必死に頑張っている髙田たちの姿を見て「俺もやるぞ！」と強気に開き直っている部分と、

ハードゲイの格好をしている自分を見て「こんなことをやっていていいのかな?」と、ふと我に返って弱気になっている俺がいましたよ。

俺はハッスルに正式に初参戦した2日後に、ノアの日本武道館大会で三沢と一騎打ちをしていますよね。あの頃は「今までやっていないこと」を探して、それを塗り潰していく作業と、そんな日程のギャップを「面白いな」と楽しんでいました。髙田総統がいて、川田がいて、小川直也もいて、俺が出た頃にはもう亡くなっていましたが、橋本真也もいたハッスルを実際に体験したからこそ、こうやって今どうたらこうたらと語れるわけですから、あの体験はマイナスにはなっていない自信がありますよ。

**「ハッスル時代の天龍源一郎は……途中からどんどん崩れていきましたね(笑)」**

**まき代**　リアルな話でファンの方々の夢を壊すかもしれませんが、やはり誰でも生活していかなきゃいけないというのが一番なんです。プロレスで一等賞だと思っている亭主がいて、その人の評価は何かといったら、やはりそれはギャランティーの評価じゃないですか?　その点に関しては全日本プロレスからSWSに移るときに叩かれましたが、私は何ひとつおかしいとは思っていません。

たとえば同じ仕事をしたとして、○○が1万円、△△が2万円だったとしたら、誰でも「2万円を出してくれるほうが自分を評価してくれているな」と感じるものです。そうなると、交渉人として私も力が入りますよ（笑）。

もちろん天龍本人が「絶対に嫌だ」と言い張ったら、ハッスルに出ることはなかったでしょう。私は最初の段階で「天龍源一郎というものをグチャグチャに壊してまでは出られない」という条件だけは出していました。でも、途中からどんどん崩れていきましたね（笑）。もう、やりたい放題でした。

最初は榊原（信行＝当時・DSE代表取締役）さんと交渉していて、年間のギャランティーを提示されて「それでは出られません」という話なったんです。その後、PRIDEがおかしくなって、ハッスルだけが運営から外れて、そのときもまだ榊原さんはいたんですが、何ヶ月かして山口（日昇＝当時・ハッスルエンターテインメント代表取締役）さんと交渉するようになりました。

山口さんが安生さん経由で何回も何回も「どうしても出てくれ！」と言ってくるわけです。安生さんも頻繁にお店に足を運んでくれて、その熱意に天龍がほだされている感じで出る方向へ動き出しました。

交渉役兼マネージャーの私が「出るにしても、ちゃんと諸々の条件を交渉してから出てくれる？」と天龍にクギを刺して、そこから前向きな交渉を始めたんです。SWS移籍のときに学んだのは、中途半端な状態で交渉がスタートしてしまうと、後で揉める原因になるということです。受け入れる体制が整ったときに、皆さんに来て欲しかったというのがSWSの反省ですね。見切り発車になると、後々で大変なことになるんです。

ハッスルに出ると決めた以上は、いろいろな交渉が必要となりました。「変な格好はさせないで欲しい」、「これはNG」、「ここまではOK」、「衣装はすべてハッスル側で用意して欲しい」といった細かいことはもちろん、ギャランティーや日程もきちんと決めた上でやりましょうと。天龍がHGの格好をしたことは、私も正直言って好きではないです。私は大ハヤブサもあまり好きではありませんし……。

ハッスルに関しては娘も嫌がっていて、私も嫌だと思ったことはたくさんありました。それでも天龍の中では「どうだ、まさか俺がこんなことをするとは思っていなかっただろう？」という部分があったようです。

家に帰ってきて、「ボノちゃん（曙）も凄いよ。セリフが長いんだよ！」と感心していたこともありました。天龍本人は、セリフの覚えが悪くて苦労していましたね。だから、現場で惨めだと感じた場面は多かったみたいです。私も見ていて、それを感じたことがありましたし。

そのうちハッスル自体が資金難などで動きが止まってしまい、ギャランティーが何百万円分も未払いになって……山口さんは逃げ回って電話に出ないし、メールも返って来ない（苦笑）。WJに続いて、またもや「未払いの刑」を喰らいました（笑）。

**紋奈**　ハッスル参戦のときは珍しく、父から相談らしきものはありました。いや、あれは相談というよりも反応をうかがっているような感じでしたね。

それまで何回となく安生さんから連絡が来ているような状況で、父はその時点では「いやいや、いいよ。俺は出ないよ」という反応をしていました。その後、また安生さんから連絡が来たときに、ちょうどお店に行く途中で私は父に車で送ってもらっていたんです。

父が「また安ちゃんがハッスルに出ないかと言ってくるんだよね」と言うので、私は「ええ～、絶対に出なくていいでしょ」とハッキリ言いました。

「お前、天龍源一郎がハッスルに出たら、どう思う？」

「終わると思うよ。私はそんなお父さんは絶対に見たくない」

「でも、それで家族が生きていけるなら、俺は別にいいと思っているよ」

「絶対に嫌だ！」

このときはそんな問答を繰り返して、私は少しキレ気味にドアを閉めて車を降りました。そうしたら結局、ハッスルに出ることになって、「私の意見なんて全然関係ねーじゃん！」と腹が立ちましたね。

私は個人的にああいうプロレスが好きではないんです。それがいくら完成されたショーであろうが、気持ちは変わりません。ただ、HGさんやRGさんが凄く頑張っているということは父からも聞いていましたし、その半面、プロが素人の方とリングの上で闘うことがどれだけ危険なことであり、そういうリスクを背負うのもプロレスラーだということも教わりました。

そんな父を偉いなと思ったのは、「出ている選手がまだ戸惑っているから、俺は振り切ってやろうと思う」と言ったことですね。曙さんがハッスル時代を振り返って、「天龍さんの言葉に救われた」と言っているのは、そのことだと思うんです。

周囲にたった一人でも「馬鹿馬鹿しくて、やってられないな」と思った人がいたときに、「何を言ってるんだよ！」と思い切りギアをトップに入れて周囲のテンションも上げてしまう。そういう腹をくくった強さというのは、さすがは天龍源一郎だと思います。

決して私の好きなプロレスではないですが、その腹のくくり方ひとつで、みんなを守ることができるじゃないですか？　運営の人たちも一生懸命に知恵を絞り出していたでしょうし、台本を書く人もいて、音楽や映像を用意する人もいて、あれだけのケータリングやら何やらを用意するのも大変ですし、リハーサルもやらなければならない。「一体どれだけの人間が動いて、どれだけのお金が動いているんだ？」と。たくさんの大きなスポンサーも集めていましたよね。「どんな状況にあろうが、一生懸命やらなきゃダメだ！」というのが天龍源一郎の信条ですから。決して「金さえもらえば、テキトーにやってもいいんだよ」という人ではない。仮にそういう人がいたとして、それを正して、やる気にさせるためにも自分のエネルギーを全開にしてしまい、振り切ってしまうのが天龍源一郎なんです。でも、やはり父にあんな格好をさせたハッスルの人たちは今もって許せません！

## 妻と娘だからこそ語れるミスター・プロレスの素顔

**まき代**　あの人は面白いこと、人がやっていないことをコッソリと仕込んで、みんなをビックリさせてやろうというのが大好きなんです。

良く言えば、「少年のままの心」。ただ、その心のまま本当に大きくなり、年を重ねて気難しい部分もあるから、家族としては面倒臭いですよ（笑）。

天龍は中学2年生のときにも、同級生の誰にも告げないで大相撲に入門するために上京してしまったそうです。だから、翌日の教室で「あれっ、嶋田がいないぞ!?」となり、クラスの皆さんはその段階で真相を初めて知ったみたいですね。天龍はそういうイタズラ心というか、茶目っ気が強い人なんです。

調子のいいときは茶目っ気でよろしいのですが、こちらの調子が悪いときは、もう蹴っ飛ばしてやろうかと思うこともありますよ（笑）。得意のブラックジョークも、本当にうんざりするときがありますね（苦笑）。

本人は「俺はアメリカ生活が長いから、これは一流の和製アメリカンジョークだ」と言い張るんですが、私は「それはアメリカ人にはいいかもしれないけど、日本人には向いていないよ」と説教しています。まあ、そのアメリカンジョークにしても……発想がどこか歪んでいますよね（笑）。ものの例えでも、私たち家族でさえもサッパリ分からないことが多いです。よく分からないことを言って、天龍がひとりで笑っていることも結構ありますよ（笑）。

**紋奈**　「男気あふれるプロレスラー」という天龍源一郎のイメージを作ったのは、父ではなく母だと私は思います。

父はもし母と結婚していなかったとしたら、トップレスラーにはなっていないどころか、「トップに立とう」という欲すら芽生えていなかったんじゃないかなと。トップ選手に対して愚痴や嫌味ばかり言いつつ、若い選手にお説教したがるベテラン中堅選手みたいなポジションになっていた可能性は高かったと思いますよ（笑）。

母は結婚したときから「父を一等賞のレスラーにする」という目標があったようで、そのために自分を犠牲にしてでも、私生活で父に細かいことを一切やらせず、お金の心配もさせず、あのような豪快な人物に作り上げたんです。

また、そんな母の期待に父が見事に応えたというのも凄い話だと思いますね。期待はされていても、なかなか応えられる人間は少ないですから。

間近で見ていても、実に不思議な夫婦関係です。幼い頃は父と母こそがスタンダードな夫婦関係もカン違いしていましたが、とんでもない話でした（笑）。だから、大人になればなるほど「凄い夫婦だな」と感心してしまいます。

**まき代**　「一等賞のレスラー」と言いましても、私自身がそれほどプロレスに詳しくなかったので、誰に勝ったから、あるいはどのチャンピオンベルトを巻いたから、といったことでは判断できなかったんです。

もちろんジャイアント馬場さん、アントニオ猪木さんに勝ったことがあるというのも凄い勲章ではありますが、私はあの人の真っ直ぐな心がそういう結果を呼び寄せたのかなと思っているんですよ。本人も「俺は天才でもないし、努力しないとこの地位まで行けなかった」と言っておりますが、本当に「努力の塊」のような人でした。毎日欠かさずに練習して、毎日一生懸命に食べて、身体には凄く気を遣って、お金をかけてきましたからね。そのプロ意識たるや凄まじかったです。

若い頃、私の中の「一番の基準」は、天龍が常に興行の中でメインイベントかセミファイナルに出場することでした。そして、私が本当の意味で「ああ、この人も一等賞のレスラーになってくれたな」と思ったのは、プロレス大賞のMVPを連続で受賞（86～88年）した頃です。まだ紋奈が小学校に入る前ですね。

最初にMVPを獲ったときは「こんな賞は最初で最後だからね。本当にありがたくもらっておかなきゃダメだよ。こんなのは誰でももらえる賞じゃないんだから」と、家族からすると実に重々しく感じていました。でも、その次の年もいただいてしまって「えっ、どうなっちゃってんの!?」と思っていたら、また次の年にもいただけて（笑）。女性は知らないかもしれないですが、男性なら「天龍」と聞いて、「ああ、あのプロレスラーの？」と言ってもらえるほどの存在にはなれたと思いました。

ただ、そんなありがたい賞を受賞したときでも、「プロレスは対戦相手があってこそ」という点を私たち夫婦はちゃんと肝に銘じておりました。「これほど凄い賞をいただいたんだから、それに恥じないように今後も努力しなきゃいけないね」と話したことも憶えております。

新婚時代から天龍を「一等賞のレスラーにしたい」と願っていましたが、私に言わせると天龍は基本的にトップにいるよりも、二番手、三番手が似合う人です。だから、全日本プロレス時代に呼ばれていた「第三の男」というキャッチフレーズは、まさに言い得て妙。二番手、三番手にいる時の天龍は、一番手を最高に光らせることができる選手なんです。

逆に一番手のときは、なかなか自分を光らせてくれる人材とめぐり合えなかったような気がします。天龍はプロレス大賞で年間最高試合賞も8回受賞しておりますが、そのうち5回が負けた試合で受賞しているというのも、私のこの説を裏付けてくれると思います。

だから、馬場さんが「天龍と一緒にいると心地良かった」と言ってくれていたのは、そういう部分なんでしょうね。

**紋奈** プロレスラーの中で、父といつも仲良くしていたのがキング・ハクさんとロッキー・イヤウケア（キング・イヤウケア・ジュニア、アブドーラ・デイ）さんです。私が幼稚園の年長のときから、我が家では毎年、年末にハワイへ家族旅行に行っていましたが、そのときにいつも一緒にいるのがハクさんとイヤウケアさんなんですよ。

あの3人は間違いなく親友です。思うに父は日本人の方と一緒にいるより、外国人の方と一緒にいるときのほうが生き生きとしていますね。ハクさんもイヤウケアさんも来日するとよく我が家に遊びに来ていましたし、ほかにはジョー・ディートンさんもよく来ていました。日本人では冬木さんがよく来ていたかな？　川田さんや小川良成さんは家で見た記憶がないですね。

私はフェイスブックで繋がっているので、父に現在のハクさんの姿を見せたりすると、「いや～、年を取ったな」なんて言っていますよ。

**まき代**　今は得意のブラックジョークでいろいろ言っていますが、若い頃の天龍はなぜか石川敬士さんの影響を受けやすかったですね。とにかく石川さんに感化されやすい。まあ、大抵は悪い方面のことなんですが（笑）。

13歳から大相撲の世界で育ち、26歳でプロレスに転向している天龍は、やはり世間から大きくズレているところがあります。本当に大相撲とプロレスの世界しか知らないんですよ。銀行には行かない、ディズニーランドも行ったことがない、野球も観に行ったことがない、百貨店にも行かない。コンビニに入るようになったのは、ごく最近のことです。

ファストフードの味を覚えたのも最近ですね。ファミレスに行き始めたのは、ここ2～3年のことで、「ああ、いいもんだね」と65歳にして便利に生活することを覚えてしまったようです（笑）。

石川さんも同じ大相撲出身ですが、大学も出ていますし、スポンサーとの付き合い方や世渡りもうまい。おそらく銀行にも足を運んだことはあるでしょう。お金はどうやって儲けるのかも知っていますし、どういう風に運用するかも知っているはずです。

だから、天龍は一緒にいると「あれっ!?　俺と同じような道を歩んでいるはずなのに、石川のほうがいろんなことを知っているな」と妙に感心してしまって、感化されて帰ってくるんです。私から見て、本当に昔はよく石川さんの影響を受けていました。ただ、石川さんはいい話は持ってこないですからね（苦笑）。

影響と言えば、土建屋を経営していた私の父は毎年大晦日になると、家の中にある現金をすべて集めてきては、家族や従業員の前でバラまくのが恒例行事でした。

ヒラヒラと舞い落ちてくるお札を家族や社員が全員で拾い集めるんですが、1枚もあげたりはしません。それを回収した上で、すべてのお札が残っていたら、そこにいる全員に1万円ずつあげるといった派手な演出付きのお年玉みたいなものです。

土建屋の給料は歩合制ですから、働いたら働いた分だけ給料が入る。だから、「お前ら、頑張ってトラックでもう一往復したら、もっと金をもらえるんだぞ」という感じで従業員を鼓舞する習慣のひとつなんでしょうね。

今でも私は後悔しているんですが、結婚した後にその話を天龍にしてしまったんです。そうしたら、なぜかお札をバラまく行為に男のロマンのようなものを感じてしまった様子で、SWSに移籍して大金を手にしていた時期に、銀座のお店で同じことをやって（苦笑）。ただひとつ、天龍が父と違っていたのは、ホステスさんたちに拾い集めさせた一万円札を1枚も回収しなかったことです……。

**紋奈**　父はプロレスラーとしては最高に素晴らしいと思います。たぶん同じような人は出てこないでしょうね。一緒に仕事をする上で、こんなに誇りに思うこともないですし、取材の風景を見ていても「うわ、うまい言い方をするな」、「さすがだな」と思わされることが多いです。ただ、どうしても愚痴が多い（笑）。
そんな父によく言われているのが「俺のほうが確実に先に死ぬんだから言っておくけど、俺が死んだときに絶対に好き勝手なことを言う奴がいると思う。だけど、お前が俺の真実を全部、後世へと伝えていく人間になってくれ。俺が誰と付き合っていたとか、どんなお姉ちゃんがいたとか、ここに住んでいたとか、全部お前に話しておくから」と。仕事への行き帰りの車の中などで、そんな話を全部教わっています。父と息子ではなく、父と娘の関係ではかなり珍しいですよね？

普通の娘さんならば、父親の女性関係、浮気の話は「お母さんというものがありながら！」と激しく怒るんでしょうが、私は全然平気です。むしろ何でも話してくれるのが嬉しいぐらいですね。

確かに母は苦労してきたと思いますが、やはり父は人に見られる商売ですし、実際には家に帰ってきて家族も大事にしてくれていたわけですから。「男なんて、そういうものだろう」、「レスラーなんて、みんな悪いことしているんだろう」ぐらいの感覚なんですよ。

# 第八章　「死に場所」と「手術」——現役最後の5年間

フリーランスとして規模の大小を問わず各団体に参戦していた天龍だったが、経営危機によりハッスルが活動を停止したことで、自らの団体『天龍プロジェクト』の旗揚げを決意。2010年4月19日、新宿FACEにおける第1戦で高木三四郎と組み、嵐&ディック東郷に勝利したが、この試合で腰を負傷する不運に見舞われる。

その後も同団体の代表に就いた長女・紋奈と二人三脚で興行を開催していたものの、腰の状態は回復することなく、「腰部・胸部脊柱管狭窄症」と診断された天龍は11年12月に手術を受けることを発表。長期欠場を余儀なくされた。

年が明けて行った手術は成功したものの、傷口が開くなど予期せぬアクシデントもあり、計3度の手術を経て、12年12月29日に天龍は62歳にして遂に復帰を果たす。

しかし、15年2月9日、後楽園ホール展示場で紋奈代表とともに記者会見を開き、多数の報道陣が集まる中、自身や妻の体調などを理由に現役生活から退くことを発表。本人は「引退」ではなく、「廃業」と表現した。

〝風雲昇り龍〟最後の舞台は同年11月15日、両国国技館『革命終焉』。この大会をもって天龍がリングを降りると同時に、天龍プロジェクトも活動にピリオドを打つことが決まっている。

**まき代**　桜新町のお寿司屋さんは、09年の末に畳みました。「さあ、これからどうしようか？」と考えている時期、かつて付き人をやってくれていた折原昌夫選手が天龍をたずねてきたんです。そのとき、彼は「天龍さん、このままじゃ残念です。団体を立ち上げましょう」と夫にハッパをかけていました。

でも、私は天龍が再び団体を始めることには反対だったんです。プロレスの興行には終わりがありません。たとえ一回儲かったとしても、次の興行のために、そのお金をつぎ込まねばならない世界です。私はそうしたプロレスのサイクルが好きになれないんですよ。それに選手の方々と交渉したり、会場を手配したりといった諸々の作業を私自身はもうやりたくありませんでした。

ところが、天龍は「最期の死に場所は自分で作らなきゃダメだ。折原に言われたことがキッカケにはなったけど、決めたのは俺だから」と、強引に天龍プロジェクトの立ち上げを決意したんです。

**紋奈**　折原さんが来て父に団体旗揚げを提案したという話を母から聞き、私は「ええ〜、またやるの？」と半信半疑というか他人事のような感じでしたね。ただ、お寿司屋さんの仕事もなくなったので、「ちょっとしたお手伝いぐらいならできるかな？」とは思っていました。

まだまだ平和な時期でしたよ。ここから嵐のような5年間が始まるとは夢にも思っていませんでした（笑）。

## “終の棲家”天龍プロジェクトを旗揚げ

**天龍**　今までいろんなことをやってきて、天龍プロジェクトは「終の棲家」のつもりでした。要はどこのリングに呼ばれて行っても試合前にシューズを履きながら「こんな妥協をするのは嫌だな」と思っている俺がいて、最期ぐらいは自分の知っている奴らとだけやりたいことをやって、それで終わりにしたいと。だから、本当に「終の棲家」を見つけたということなんです。

旗揚げというと夢や希望にあふれていて格好いい響きですが、スタッフも内輪しかいませんし、所属選手も当初は俺だけ。新弟子を育てるなんて、とんでもない話ですよ。本当に俺の「死に場所」を作るためだけに発進した団体です。考えてみれば、そんな団体も前代未聞ですよね（笑）。

俺は女房を代表にする気はまったくなかったんですよ。そもそも、この計画自体に反対していましたからね。そこで俺が紋奈に「お前、やれよ！」と言ったんです。

「父ちゃんは、今までこういうところで働いてきて、こういう人たちと接して、こんなことをして、お前たちをここまで養ってきたんだよ」と……これは言葉にすると偉そうですが、彼女はもうそういうことを理解できる年齢でしたからね。

紋奈にとって、いろんな人と接して頭を下げたりする経験も大事でしょうし、もともとプロレスが好きで関っていたというのもあるし、昔なりたがっていたプロレスラーになれなかった代わりに「やってみろよ」という気持ちでした。

**まき代**　紋奈が天龍プロジェクトの代表になるというのは、本人も知らなかったことだと思います。もちろん、私も聞いていませんでした。本当に天龍の独断で、勝手に代表に就任させちゃったということです（笑）。

天龍は昔から凄く大事なことに限って、いつも相談がないんですよ。「それは一言相談して欲しかった」ということに限って、勝手に決めてきてしまう。あの人の中の重要度と、私たちの中での重要度はとてもかけ離れているんです。

まあ、反対していた天龍プロジェクトですが、やり始めてしまった以上は、やはり私も裏方として手伝わないと仕方がないわけですよ（苦笑）。

**紋奈**　10年4月に天龍プロジェクトを旗揚げすることになって、その打ち合わせにはよく駆り出されていました。でも、普通に打ち合わせに参加していただけで、業務そのものはほとんど折原さんがやっていたんです。

事件が起きたのは、旗揚げ戦に向けて記者会見をやったときですよ。父が「最後にウチの代表から」と誰かにマイクを振って……。「代表って誰？　折原さんが代表なの？」と思っていたら、「紋奈！」と言われ、その場で「いや、聞いてませんけど！」という（苦笑）。

完全なムチャぶりですね。天龍源一郎の計画的な犯行でした。

私が戸惑っていると、父は「それじゃ締まらないし、マスコミの皆さんも帰れないから、早くやって！」と、さらに背中を押してきました。仕方がないので、「本日はお忙しい中、お集まりいただき～」と締めのご挨拶をしたわけですが……次の日から、もう「紋奈」とは呼んでくれなくなり、バカの一つ覚えみたいに「代表」と呼ぶわけです。

その後、私が「代表じゃないし！」と言い返すというのを半年ぐらい続けても、父は絶対に折れないんですよね。母に言っても「また、冗談でしょ」と笑っているばかりで、きっと自分に火の粉が飛んでくるのが嫌だったんでしょう。父がしつこいほど「代表」としか呼ばないので、結局はよく分からないまま私は天龍プロジェクトの代表ということになってしまいました。

当の本人は「父として紋奈にいろいろな経験をさせたかった」と教育論的な美談に仕立て上げようとしていましたが、私としては「心配されなくったって、もう十何年も接客業をやっているんだから余計なお世話よ！」、「まるで私が世間知らずみたい！　そんな言い方をするのは親としてどうなのよ？」と若干腹立たしかったです（笑）。

私は私で過去に「プロレスラーになりたい」という夢を壊され、WARで巡業の仕事をやっていきたいという目標も途切れることが多かったわけですよね。私のプロレスに対する着地点というものは、いつも途中でなくなってしまうんです。

今は天龍プロジェクトの代表にされてしまったことを、「中途半端になっていた私のプロレスに対する思いが、ここで全部成し遂げられるかな?」、「私がやり遂げられなかったことを、やれる機会を与えてもらった」と解釈して、納得していますね。

## 天龍プロジェクト旗揚げ戦で腰を負傷

**紋奈**　天龍プロジェクトの旗揚げ戦で、スパイダージャーマンをやった後、コーナーに引っかけた足が自分では外せなくなってしまい、嵐さんに外してもらっていたんです。

その夜、父は飲みに行き、帰ってきた際にマンションの階段で転んでしまったんですよね。そのときはまだ「俺、酔ってるな」という感じだったんですが、翌朝に起きてトイレに座ろうと思ったら、力が入らなくなって……。

本人は「ヒザが悪い」と言っていましたが、実はもう腰のあたりの感覚が麻痺している状態でした。病院に行って診察してもらい、ようやく事態の深刻さを理解できたんです。仮に手術した場合、復帰までに1年はかかると言われました。

私はすぐに手術を勧めたんですが、本人は徹底拒否。まだ旗揚げしたばかりで、いきなり長期欠場という点も気にしているようで、ファンの皆さんを絶望させてしまうことへの恐怖があるようでした。

私は思わず語気を強めて、「今ならまだ間に合うじゃん。まだ60歳を過ぎたばっかりなんだから」と説得しました。しかし、父は「お前な、人気商売の人間が1年も業界にいなかったら、誰からも忘れ去られてしまうんだぞ。その怖さを知っているのか！」と言い返してくるわけです。

「何、言ってるの？　天龍源一郎だよ？　1年ぐらい休んだって大丈夫だよ！」

「いや、お前は何も分かっていない！」

この時期は顔を合わせれば、いつもこんな言い合いを繰り返していましたね。

私は代表としての立場なんて、正直どうでもいいんです。私が守るものは天龍源一郎だけですから。でも、父は逆で「お客さんがいるから、みんながいるんだよ」というタイプなんです。

**天龍**　旗揚げ戦で痛めた腰は最初、全然気がつかなかったんです。試合後、たまたま知人の招待で酒を飲みすぎてしまった。そのときに住んでいたマンションには階段が2段あるんですが、帰宅してそこに足をかけたときに、コロンと引っくり返ってしまったんですよ。「ああ、今夜は飲みすぎてしまったな」と思いつつ、エレベーターに乗って上まで行き、家に入ってそのまま眠ってしまいました。
ところが翌朝、トイレに入って、しゃがもうとしたらストンと身体が落ちたんです。「あれ、おかしいな!?」と思ったんですが、まったく踏ん張れないわけですよ。しばらくして腰の右側がおかしいと感じるようになって、歩いているときにも右足がちょっとおかしいんです。それでも「また腰を痛めてしまったのかな？」という程度で放置しておいたんですよ。

**まき代**　天龍は大相撲とプロレスで半世紀も肉体を酷使しているわけですから、身体は全体的に悪いんです。でも、決定打となる出来事がよりによって死に場所を求めて作った団体の旗揚げ戦で起きてしまったんですよ。もう、5メートルも歩くと休憩という状態でした。それなのにリングに上がり続けていたんだから、信じられません。

私としては、自分で限界を感じたらプロレスを辞めるだろうと。自分から「辞める」と言い出すと思っていました。私や紋奈から「辞めろ」とは絶対に言えない。本人には腹いっぱいやって、辞めて欲しかったんです。だって、辞めると決めたら、あの人は絶対に復帰はしませんから。プロレスでは引退ツアーまでやりながら、復帰する選手がたくさんいますよね。私は昔から「あれは絶対に嫌だから」と口癖のように言っていました。

男が一回でも「辞める」と言ったら、絶対に翻せない。だから、あの人は今まで「休む」とは口にしても、「辞める」とは言ってないはずです。39年間のプロレス人生で今回初めて「辞める」と口にしたはずですよ。

**天龍**　自分の死に場所である天龍プロジェクトを紋奈に任せることにして正解でした。マッチメークから何から、やはり今まで経験していない感覚があります。まあ、いろいろと大雑把ではありますが、俺のことを知らない若いファンの感覚を代弁しているというのか、たぶん俺がマッチメークをやっていたとしたら旧態依然となっていたでしょう。

家族という理由もあるかもしれませんが、「こんなマッチメークはないだろう？」というのを

2012年9月に嶋田家は屋形船を借り切って、親しい選手や関係者を集めた船上パーティーを開催。

結構、平気で組んできますからね。でも、その一つ一つが自分の中の句読点として切り取っていけるというか、そういう意味では心置きなくリングを去れるという気持ちです。

当然、父と娘だからこそ遠慮なしに不平不満を言ったりすることもありますよ。「クソだよ、こんなの」とか（笑）。そういうとき、代表は「これはお客さんが喜んでくれるんだから」、「こんなの二度とないんだよ」といった言い方で説得してくるんです。ワガママな選手を説得させるという意味で、代表は「こういうのを望んでいるお客さんもいるんだよ」と俺がうぬぼれて気がつかない部分を納得させてくれますよ。俺が生意気で気がつかなかったような部分を「みんなはこう思っているんだよ」と教えてくれますね。

その半面、「嫌なことをやらせてしまったな」という後悔もありますよ。プロレス団体の交渉役というのは、恨まれたり嫌われたりすることも多いポジションですからね。苦労ばかりで、感謝されることは少ないんです。

家族だけの団体ということで逃げ道もないし、女房や娘は溜め込んだストレスを消化するのが大変だったと思いますね。俺はある意味で、「冗談じゃねえ。やらねえよ、そんなもの！」と言いたいことを言っていればいいわけですし。この気難し屋の天龍をコントロールするのは難しいですよ。

でも、女2人のほうが「アンタは腹をくくったんじゃないの？」、「キン○マ持ってんなら、シャキッとせんかい！」と言ってきて、実は俺なんかよりも全然腹をくくっているのかもしれません（笑）。

## 2011年6月、まき代の乳ガンが発覚

**まき代**　体調に関しての不安は、実はお寿司屋さんを営業していた頃からあったんです。救急車で運ばれて、1日だけ入院するということが4回ほどありました。腎盂腎炎といって、四十数度の高熱が出るんです。

大人がそれだけの高熱が出ると、もう意識がなくなってしまいますから。あのタイミングでお寿司屋さんを閉めたのは、経営的な理由だけでなく、肉体的にそろそろ厳しくなっていたの

も原因でした。

私は更年期障害もひどくて、2年半ぐらいは苦しみました。普段はおしゃべりなのに、人と会うのも嫌になって、あれだけ好きだったパチンコに行くのも嫌になってしまったんです。

意外かもしれませんが、天龍はそれを非常によく理解してくれていました。たまたまテレビでそんな番組を見て、「更年期になったら、家族が理解してあげないといけません。奥さま本人がサボっていると思わないように配慮してあげることが大切です」と言っていたのを、どうやらそのまま真に受けてくれたようです。あの人はああ見えて真面目ですから、「キツかったら料理なんて作らなくてもいいんだぞ」と言ってくれました。

その後、11年6月中旬に私の乳ガンが発覚したんです。

以前から薄々と感づいてはおりましたが、病院で検査を受けると「明日、ご家族と来て下さい」と言われました。

7月の終わりに行った手術は無事に終わり、摘出された私の胸を見た天龍と紋奈は「当分、焼肉に行けないね……」みたいな話をしていたそうです（苦笑）。

その手術と入院の期間中、おそらく結婚して初めて私が嶋田家から長期間、姿を消すことになりました。あの時期、天龍も腰を痛めたままの状態で、杖がないと歩けない時期でしたから大変だったと思います。

**天龍**　乳ガンと診断をされて手術をするとなったときに普通に女房の話を聞いていたんですが、

俺は「だって、手術してガンを切るのは、あんたじゃない？　俺があぁだこうだ言ったってしょうがない」みたいなことを言ったようなんです。

そうしたら、物凄い剣幕で怒られましてね。それがショックでした。凄くショックでしたね。「なんで俺はいつもそんな言い方になっちゃうんだろう……」と本当にショックでしたよ。

**まき代**　7月に手術を終えると、9月半ばから放射線の治療が始まりました。それがほぼ毎日なんです。

土日以外の週5日、同じ時間に同じ病院に通うことになりますが、驚くべきことにその放射線治療にほぼ毎日、天龍が杖を突きつつ付いてきてくれたんですよ。私は普通の人より長く治療にかかってしまって、放射線治療に通う日数も通常より多くなったんですが、約3ヶ月間にわたる通院で天龍が同行しなかったのは仕事と重なった1～2日ぐらいのものでした。

天龍は家から病院までの送り迎えの運転をして、病院に着いたら、ずっとロビーで待っているだけです。受付表を出すのも私だし、放射線治療を受けた後に精算するのも私（笑）。毎日、その繰り返しです。

でも、あの天龍が私のためにそこまで毎日、動いてくれたというのが嬉しかったですよ。まあ、それにより新婚当時の暴君ぶりがチャラになるかといったら大間違いですよ、と言いたいですけどね（笑）。

毎日、ただ同じ道を通い、同じことを繰り返すだけの3ヶ月でした。行き帰りの車の中で、天龍は「いよいよ病院に通うのも、あと○日だね」と言って励ましてくれましたよ。

**「俺は腰を手術する。そして、必ず復活する！」**

**紋奈**　母の放射線治療が終わったのが、その年の11月半ばでした。その少し後に父は2日連続で健介オフィスの興行に参戦することとなり、私も同行しました。

2日目の名古屋大会（愛知・テレピアホール＝天龍＆マグニチュード岸和田＆ブラック・タイガーvs佐々木健介＆中嶋勝彦＆エル・サムライ）で、父は試合中にミスを連発してしまったんです。うまく立てないのかリングの上で滑ってしまうような感じで、試合中に危険な状態になる場面もありましたね。

試合後、父は落ち込んでしまい、翌日に帰宅すると「俺、腰の手術をしたいんだけど」と言い出しました。母と2人で「そうしよう！」と即決です。

今までどれほど説得しても「人気商売だから嫌だ」、「そんなに長く休めない」と言い張っていたのに、実際の試合でレスラー仲間と触れ合ったことで「対戦相手に迷惑をかけてはいけない」という視点から決断に至ったんでしょうね。

幸い、その頃は年をまたいでの試合は決まっていませんでしたし、その頃にレギュラー出場していたSMASHさんとは事情を話せば許していただけるような関係だったため、遂に手術することになったんです。

**天龍**　健介のところの興行に出たとき、身体に物凄い異変を感じてしまったんですよ。相手にタックルに行こうと思って走っているのに、なぜか斜めに走っている俺がいたんです。右足側が悪いから、体重が片方だけに寄ってしまっているんですよ。それで肩から相手にぶつかってしまって、無様にも引っくり返っちゃっている俺がいたんです。

「こんなのレスラーじゃないよ」と思いましたね。そこで「とりあえず治るんだったら手術しよう」と決断したんです。

女房は俺がそのまま引退すると思っていたらしいけれど、そんなわけはない（笑）。俺は逆に「このままじゃ引退できないよ」と思っていましたから。このままケガして辞めたと思われたくないと。また39年前に話が戻ってしまいますが、「相撲でダメになったからプロレスに行った」と思われたくなくて、勝ち越しにこだわっていたのと同じ気持ちでした。

だから、手術への恐怖感は皆無で「手術が終われば、この嫌な気持ちが晴れて、明日からまた頑張れるんだろうな」と前向きな気持ちしかなかったですね。

**まき代**　天龍は私の放射線治療に付いてきていたので、私の担当の乳腺クリニックの先生とも顔見知りになっていたんです。だから、私が先生に「この人、杖がないと歩けない状態なのに、まだプロレスをやっているんです。どこかいい病院はないですか？」と聞きましたら、いくつか腰の手術で評判の良い病院をリストアップしてくださったんですよ。

私の放射線治療が終わり、今度は天龍が手術。入院するにはちょうどいいタイミングではあったのですが、どこの病院も手術するのに3～4ヶ月待ちは当たり前という状況でした。天龍がせっかく決意した以上は早いほうがいいので、最短で手術してもらえ、しかもレベルが高いという条件も考慮して、年明けの2月に五反田の病院で手術することが決まりました。

ただ、この時点で夫婦間で大きな誤解があることに気がついたんです。私は手術をしてそのまま引退するのか、あるいは最後にもう1試合だけやるために手術に踏み切ったのだとばかり思っていました。手術を担当してくれた先生も術後にもう1試合だけして引退すると思っていた様子で、そのまま現役を続けていることに驚いていましたよ。私の周辺の人たちも大多数が「引退試合をするための手術」だと思っていたんです。

**天龍**　腰の症状は、「腰部・胸部脊柱管狭窄症」と診断されました。年末の12月15日、力道山先生の命日に池上本門寺のお墓で手術の成功を祈り、年が明けて2月23日と3月8日に2度の手術を受けたんです。

**まき代**　天龍自身も手術からリハビリ期間は大変だったと思いますが、天龍不在の天龍プロジェクトを1年間、持たせなければいけなかった代表も大変だったと思いますよ。

## 黙々と、粛々と、リハビリの日々

**天龍**　リハビリ期間は、やはり歯がゆかったです。身体も動かないわけですし。それでも毎日、欠かさず見舞いに来てくれる女房と娘には感謝していました。今まで「俺が食わしてやっているんだ」みたいなことを考えていた自分を恥じましたよ。こういう風に支え合って生きてきたんだな、ということを痛切に感じましたね。家族ということだけではなく、自分自身の考え方そのものが変わった期間でした。

今までの人生の中で、こんなにも長期間、身体を動かさなかった経験はないわけです。だから、ベッドの上にポールみたいなものがあったので、それを握っては自分の身体を持ち上げて筋肉を鍛えていました。「これはいい闊背筋（広背筋）が付くんじゃないか?」と思ってやっていたんですが、その結果、胸部の縫ったところが開いてしまい、化膿してしまったんです。そのためクソ暑い7月24日に3度目の手術をすることになったのは予定外でしたね。

黙ってジッとしていれば良かったのに、ポールを持ってあんなことをやっていたから……まあ、バカな話ですよ（笑）。

**まき代**　手すりなんかに捕まって鍛えているからいけないんです（笑）。普通の人はそこまでの腕力はないから、あんなことはできません。でも、天龍は手すりを使って起き上がって、立ってしまうんです。それがまんまと逆効果となって、治るのが遅れちゃったんですよね。

ただ、それ以外は入院中はおとなしい患者だったと思います。いわゆる「まな板の鯉」（笑）。でも、精神的には大打撃だったと思います。今風の言葉で言うなら「鬱」とか「凹む」という感じですかね？

いずれにしても天龍の人生の中では、いい経験だったと思います。入院生活の最後のほうは、一生懸命リハビリをやっていました。同じフロアをグルグル歩き回ったり、病院の小さいお庭で運動をしていましたよ。

その頃はまだ私もタバコを吸っていたので、「お父さん、お庭にリハビリに行きなよ！」とけしかけて喫煙ＯＫな屋外へと連れ出し、黙々と運動する天龍を横目に一服するのが日課でした（笑）。

## 62歳でのリング復帰と相撲の大先輩・大鵬の死

**天龍**　約1年でリングに戻ることはできましたが、いくら手術をしたとはいっても、全盛期の動きを再現できるわけもないんです。だから、当然のことですが、試合の組み立て方は変わりました。もう、そのときにできることを一生懸命見せるというだけです。

お客さんに対しても「悪いね。今の天龍源一郎はこれしかできないんだよ」という、そんな気持ちの連続でしたね。そのときにできることをやれるだけやって、お客さんに「なんだよ。天龍はこんなもんかよ？」と思われたら、それはそれでいい。開き直りではなく、これが今の天龍源一郎なんだと感じ取ってくれればいいなと思っていましたね。

「天龍のプロレスなんて面白くないな」と思われて、お客さんが来なくなれば、それはそれで別に仕方ないと。ただ、対戦相手に対しては、「ナメられてたまるか！」という気持ちで闘っていました。

腰の症状が再発するのが怖くないこともないんですが、それも承知の上で62歳にしてリングに復帰したわけです。もし、そうなったらなったで運命だと思っていました。痛みは全然なかったんですが、医者が言うには「腰が悪い期間が長かったから、回復にも同じぐらい時間がかかりますよ」と。練習していましたから筋力はついているはずですけど、「こんなこと、できないだろうな？」という意識が先に立っちゃうと、頭の中のイメージと身体の動きが一致しないというか……。

あるテレビ番組を見ていたら、レントゲンで撮影してもどこも

3度の手術を経て、2012年12月29日の後楽園ホール大会で天龍が復帰。自身の欠場中も天龍プロジェクトを守り続けた紋奈代表をリングに呼び寄せ、「お前、男前だよ」と感謝の意を表した。

悪くないのに、腰が痛いと言って外出しない人がいるという話をしていたんですよ。それは脳に「腰が痛いんだよ」という指令がずっとあって、それが身体中に行き渡っている状態のようです。そこで「本当は痛くないいんだよ」と言われたら、急に自転車にまで乗れるようになったと。そんな嘘みたいな話があることに驚きましたね。

だから、俺も「腰がダメだ」と思っているのは実は自分だけで、本当は大丈夫なんだろうと思って闘っていたんです。腰のケガがなければ、まだまだ引退していないと思いますね。基本的に身体を動かして稼ぐのが嫌いじゃないですから……いや、俺はそれしかやっていないか(笑)。

**紋奈**　父が約1年ぶりにリング復帰して、年が明けてすぐに昭和の大横綱の大鵬さんが亡くなられました(13年1月19日)。言うまでもなく、父にとって二所ノ関部屋時代の大先輩です。

天龍プロジェクトを始めてから、父と一緒に車に乗っている時間が長いため、いろいろな話をしましたが、その中でいかに若き日の父が大鵬さんという大横綱に強い影響を受けていたのか、そして「こういう人になりたい」と憧れ続けていたかという話は何度となく聞かされました。そのうちに、まったく世代ではない私の頭の中にも確固とした「大鵬ヒストリー」が刻まれていくわけです。

そんな大鵬さんが亡くなられたと聞いたとき、父がどうしても行きたいと言うので、仕事の合間に「前を通るだけでいいから」と父と一緒に大嶽部屋の前まで行ったんです。そうしたら、部屋の若い衆の方が出てきて「天龍関、顔を見ていってください」と言ってくださいました。

そんな立場でもないので私は外で待っているつもりでしたが、父に「お前も来い！」と言われ、大鵬さんのお顔を拝ませていただくことになったんです。

私は生前にお会いしたこともないのに「この方がいたから、父がいて、そして今、自分が存在するんだな」と思い、涙が止まりませんでした。それは手術前に父と行きました力道山先生のお墓参りでも同様でした。

父が育った二所ノ関部屋が閉鎖（13年1月）されたときも建物が取り壊される直前に父と2人で見に行き、「俺の住んでいた部屋は、あのあたりだったんだよ」などと細かく全部教えてもらいましたよ。

## 一難去って、また一難……「これは嶋田家の試練」

**まき代**　13年11月頃から、また私の体調が悪くなってきました。乳ガンのほうは再発していないんですが、とにかく身体がダルい。食べるのもキツいし、しゃべるのもキツいし、物を持ったら息もできない。毎日、目が覚めても時間があれば横になって過ごしておりました。10メートル歩くのに30分もかかってしまうような状態だったんです。
そんな体調がずっと続いておりまして、しばらくは天龍プロジェクトの会場にも行けませんでした。いつも入口で受付をやっている私の姿を見慣れていたお客さまや報道陣の皆さんは、「ああ、天龍はついに美人の母ちゃんに逃げられたか？」とでも思われていたことでしょう（笑）。

病院に行く3～4日前には横になると息もできない状態で、わざわざ抱き枕を買ってきて、それを抱いて椅子に座ったまま眠っておりました。さすがに見かねた紋奈が「お父さんが怒らないと、マキちゃんは絶対に病院へ行かないよ！」と言ったそうで、どこかへ移動中の天龍から直々に電話がかかってきたんです。そのときは、かなり怒った口調で「今日は絶対に病院に行けよ！」と言われました。天龍は日頃、声を荒げるタイプではないのですが、かなり大声でしたね。私は「お父さんに怒られちゃったよ。久々だな」と思いつつ、観念して病院に予約の電話をしたんです。

病院に着くと、お医者さまは開口一番「これはヤバい…」と申されまして、即入院を命じられました。私はそのまま三途の川を渡ってもおかしくない状態だったそうです。病名は「心不全」でした。

私は心臓の弁が悪くて、もう壊れているんです。写真を撮ってみたら両肺に水がパンパンに溜まっている状態で、もう酸素が肺に入ってこないという……。つまり満タンに入った水の隙間のみで呼吸をして生命活動を維持していたと。さらにその水で膨らんだ肺が心臓を圧迫していて、かなりマズい状態だったようですね。それなのに、私はその日の朝、タバコを2本吸っていました（苦笑）。

入院してから体内に溜まった水を抜いていくわけですが、たった2日で6リットルが出ました。結局、退院する頃には全部で15～16リットルが体外へと排出され、ムクんでいた顔もスッキリと可愛くなりまして（笑）。

この入院中にどうしても落ちない数値があり、お医者さまたちも不審に思っていたそうですが、そこは循環器の先生たちばかりなので余計な検査もできないんです。しかも、私が退院したいとうるさいので、久々にスッキリとした表情で我が家へと帰ってきたは良かったんですが……これで終わりませんでした。

1ヶ月後、激痛に耐えかねて、またもや救急で病院へ行ったら、今度は胆嚢と胆石を患っていました。まるで病気のデパートです（苦笑）。

胆石は本当に痛いですよ。「人間のあらゆる痛みの中でも3本の指に入る」と言われるのも納得しました。私は夜中に吐いてしまい、痛みもどうしようもなくて……。ほぼ家の目の前に病院があったので、寝ている天龍は起こさずに、そのまま紋奈と2人で駆け込みました。

その場で当直の先生が思い当たる検査をしてくれたところ、胆嚢が腫れ上がっていると言われ、また1ヶ月も入院することになったんです。胆石のほうは、そのついでに見つかったという感じでした。

その入院時にも、天龍は1日も欠かさず見舞いに来てくれました。おそらく、うるさい私が家にいないから、あまりに静かで調子が狂い、困っていたんでしょう（笑）。紋奈もどちらかと言えば、父親に似て家にいるときは静かですから。よく似た親子なんです。

だから、2人に何かを決めさせると、まったく決まらない（笑）。天龍も紋奈もポジティブな部分を持ち合わせてはいるのですが、私から見るとネガティブ思考のほうが勝ってしまうタイプなんです。それに天邪鬼なところもある。だから、一緒にいると私が超疲れるんです（笑）。

バランスを取ろうとするから疲れるんでしょうね。どちらかの機嫌が悪くなると、もう1人のほうも機嫌が悪くなったりして、私からすると「もう知るか！」、「好きにして！」と（笑）。3人家族……奇数というのが良くないんでしょうかね？

**天龍**　次々に襲ってくる女房の体調不良は「ストレスから来ている」と医者に言われて、凄いショックでした。「俺はいつも無言のプレッシャーを与えていたのかな？」と思いましたよ。これはもう「嶋田家の試練」だなと。家族というものの終着点が何なのかは分かりませんが、「今このときにみんなで支え合って乗り越えなくて、何が家族だ」と思いましたね。

女房はどんなに具合が悪くても、俺の食事の用意はしてくれるんです。俺にできることと言えば、片付けとかそんな程度ですかね。やはり俺にできることなんて限られているんです。なるべく休んで元気になるのであれば、そうしてくれたほうが俺も嬉しいんですけどね。

入院して初めて元気のない女房の姿を見て、「家の中が暗いな」と思いました。今までそんなことはなかったですから。女房が元気でギャーギャー言っているのが当たり前という感覚でした。

どんなに具合が悪かろうが、布団から起き上がってきて炊事などをしようとする女房の姿を見るのはつらかったですよ。俺からすると「いいから、休んでな」と言いたいんですけれど、女房は「大丈夫だから」と言っては炊事場に立つ。あの根性には恐れ入ります。俺が今までどうたらこうたら言ってきたのは小さなことだったと、今さらながら思い知らされました。女房が頑張っていけばいくほど、「俺は小さな男だったなあ」と思ってしまう。だから、そう俺に思わせないためにも「もっと養生してくれよ」と願っております。

毎日見舞いに行っていたのは、入院した病院がたまたま家から近かったというのもありますけどね（笑）。俺が行っていてバカ話をして、お互いに時間を潰せたら、それはそれでいいことですよ。紋奈が代表になってから、しょっちゅう車の運転を引き受けてくれるんですが、女房が倒れてからというもの、今まで話せないような、お互いに言いにくいようなことも、たくさん話せるようになりました。俺が言うのも変な話ですけど、凄くいい家族だと思っています。

俺が腰を3度も手術して、まき代が乳ガン、心不全、胆嚢、胆石で入院と、ほぼ同じタイミングで大病に襲われる形になりました。これはもう本当に誰かが与えてくれた人生の試練だと思っています。俺ひとりじゃ乗り越えられないですし、互いに支え合っていかなければいけないと。

若いというのもありますが、どこも悪くないのは娘だけですよ。だから、今は娘が一番強いですね（笑）。

**紋奈**　母の病気のこともあって、両親が京都に移住し、仕事のあるときだけ父が東京に来る時期があったんです。14年のことですね。

でも、その頃から皮肉にも父の東京での仕事が増えることになりました。そこで母は京都にいて、父は私の狭いマンションにいる機会が多くなったんです。

仕事に行っても、帰宅してからも、父と2人きりでいることが多くなって気がついたのですが、やたらと愚痴が多いんです。特に仕事への行き帰りの車の中で（笑）。

以前は私の前で弱音を吐く人ではなかったんですよ。いつも風を切って歩く格好いい人でした。口からポロッと出る言葉も「お前の人生は、お前自身が輝かさなければいけないんだよ」、「願えば夢は必ずかなうんだよ」と、いつも格好いい。そこは「こういう父親でいたい」という本人の願望もあったんだと思います。

ところが、2人きりで一緒にいることが増えると、私が母の代わりになったかのように「何を言ってんのよ！」と父をどやしつけたりすることもありました。同じ空間にいるのが私だけだし、おのずと愚痴のようなものを言える関係になってきて、「男の脆さ」をさらけ出すようになったんでしょうか？　試合では、「年をとったな」と感じることはないんですけどね。

## 葛藤の末に……「もう辞めようと思うんだ」

**天龍**　いつも試合が終わって、家まで帰ってくるときに車を運転するのが娘なんです。試合で納得できなかったり、思うように動けない自分に腹が立って、会場から家に着くまでムスッとして一言も口をきかない俺がいるわけですよ。

娘は気を使って「大丈夫なの？」、「頑張ったよね。やれるだけのことはやったし」と言ってくれるんですが、それすらも煩わしくて「やかましい、この野郎！」と怒鳴って俺はムスッとしているんです。試合前には不安な自分がいるわけですし、試合を終えた後はまた自分に腹を立てて、ひとりでイライラしている俺がいて、周囲はまるで腫れ物に触るようになりますよね。そして、家に帰ったら「今日もまたうまくいかなくて機嫌が悪いんだな……」と察する女房がいて、みんながピリピリしつつ、寝るまで過ごすわけです。そんなことが何年も続いて、家族が気を遣ってくれているのも分かりますし、今までワガママを言ってきて申し訳ないと思っていました。

そういう状況で15年に入って、正月に本当にスッと「もう辞めようと思うんだ」と言えたんですよ。女房と娘は「えっ!?」と半信半疑のような反応でしたが、おそらく心の中では「来るべきときが来た」という気持ちもあったでしょう。

女房の中では、かなり昔から辞める線引きは俺自身にさせようと考えていたみたいです。「辞めるのを決めるのはお父さん」と。どうやら結婚したときから、彼女はそういう気持ちを持っていたようですね。だからなのか、俺がいくら血を垂らしながら帰宅しても「もうプロレスなんて辞めたら?」とは一言も言いませんでした。

この数年、夫婦で手術が続きましたが、引退の引き金になったのは俺の腰の状態です。俺の腰が悪かったら、何かあったときに女房一人も支えられない。やはり自分で女房を支えられるうちに辞めるべきだと思ったんですよ。それが引退会見の席で、質問されて答えた言葉（「これからは女房孝行します」）です。なぜか、その言葉ばかりが大きく報道されてしまいましたけどね。

**まき代**　辞めるという告白は、暮れの12月だったと思います。ちょうど京都の自宅にいて、紋奈もいました。驚きはそれほどなかったです。そういう意味では、辞めることへの準備や覚悟は知らないうちにできていたんだと思います。プロレスは70歳、80歳になってもできる仕事ではないですし、50歳になったあたりからずっと「もうそろそろ……」とは思っていましたからね。むしろ私は天龍が「手術をする」と言ったときのほうが驚きました。

だから、私は感慨に浸るような感じではなく、「辞めた後、この人は何をするんだろう？」という現実的な疑問が頭に浮かびました。だって、あの人は趣味がプロレスだったわけですから。もう「24時間プロレス」なんです。そんな人が「プロレスを辞めて、何をするんだろう？」と。お医者さまから「あと20年は生きる」と太鼓判を押されちゃったものの、庭をいじるとか釣りに行くといった趣味もないですしね。せいぜい週末に競馬をやるのが趣味なんですが、土日しかありませんから。でも、その土日が結構、仕事で埋まっちゃうことが多いんですよ（笑）。

本人の口から「腹いっぱいやれるところまでやって辞める」という言葉が出ていますが、一応私は「復活はないよ！」と念は押しました。それは本人も十分に分かっていると思います。記者会見で発表するまで、家族でそういう話はさんざんしました。その間に辞めるかどうか迷っている様子はまったくなかったですね。

**紋奈**　父から廃業の話を告げられたときは、母も私も泣きませんでした。家族ですから、前年の秋くらいには「ああ、そのことで悩んでいるんだな」と察してはいたんです。だから、父の

天龍と紋奈代表は2015年6月26日に両国国技館で記者会見を行い、同会場での引退興行開催を発表した。

記者会見後、両国国技館正面入口でのフォトセッションを終えた天龍とその姿を遠くから見守る紋奈代表。

言葉を聞いて、「あっ、ついに来たな」と。

私の中では自分から父に「引退してくれ」と言う選択肢はなかったんです。娘であれ、代表であれ、私はそんなことを言える立場にはないと思っていました。ああいう腰の状態で試合をしていれば、もしかすると大ケガをすることもあるかもしれないですし、あるいは半身不随になってしまうかもしれません。でも、それは天龍源一郎の人生だからです。たとえ父であろうと、私は人の人生をとやかく言いたくはない。

もちろん、心の一番下にあるフタを開ければ、「ケガをして欲しくない」、「長生きして欲しい」という感情があると思います。でも、非常識かもしれませんが、それが一番ではないんですよ。それを最優先にしていたら、そもそもこの仕事は一緒にできないですし、見ることすらもできません。

だから、本人の口から「辞める」と聞いたときには、「ああ、決断してくれて良かった」と素直に思いましたね。ちゃんと試合ができる状態で、リングを降りてくれると。

**まき代**　天龍は引退発表の会見で「これからは女房孝行します」と言っていましたよね。私が若かったら、結婚したいぐらいの言葉です（笑）。でも、そんなことは直接、一言も言われていません。

結論から言ってしまいますと、女房孝行に関しては、あの人はできないと思います。でも、そういう気持ちだけでも嬉しいですよ。その気持ちだけ、ありがたく受け取っておきます。

私は今まで何もやってきていない人が、いざ65歳になって家事全般やその他諸々のことをできるとは思えません。ご飯の用意、買い物……まあ、あまり責めるとすぐにヘソを曲げてしまうので、この辺にしておきましょう（笑）。

でも、自分の足でまだ歩けるうちにプロレスを辞めてくれたのは凄く嬉しいです。車イスになって、私が後ろから押すといっても、あの重量ですからね。

こんなことを公にすると本人は嫌がるとは思うんですが、私が具合が悪くてベッドで寝込んでいたら、台所の洗い物をやっておいてくれたこともあるんです。私が手術したあたりから、少しずつそういう家事をやってくれるようにはなりました。

だから、私も甘えているというわけでもないんですが、生きるか死ぬかの病気をしてしまったので、偶然にも生かされていることに感謝しつつ、体調が厳しいときは遠慮なく横になるようにしています。今年に入ってから糖尿病も患いまして、具合の悪いときは天龍も「寝なさい、寝なさい」と言ってくれますし、今まではそういうこともできなかったですから。

最近は買い出しもやれるようになって助かっております。昔は私がカゼを引いて寝込んでいても、そのまま飲みに行ってしまうような人でしたから。帰ってきてから、「えっ、熱あんの？」なんて言っていましたよ（苦笑）。

あの人は本当に不器用だから、気持ちと行動が伴わないんです。実はすごく思いやりがあるのに、それを形や行動に出すときに、どうもおかしな感じに変換されてしまうんですよね。

「天龍源一郎は世界一のプロレスラーです」

**紋奈**　ムチャぶりされる格好で天龍プロジェクトの代表にされて5年間、誰よりも天龍源一郎と長く濃密な時間を過ごしました。今までこんなに長い時間を一緒に過ごした経験はないですし、もしかするとこの5年間で今まで母が父と過ごしてきた時間を超えてしまったかもしれません。

私は、この5年間で本当の親子になれた気がします。「一流というものを扱うことが何なのか？」、「一流の人に接するということが何なのか？」ということも教わりました。それは母が天龍源一郎を一流にしてくれたからこそ得られたものですよね。

一流というのは「できない」、「やらせたくない」、「やっちゃいけない」といったことが凄く多いんです。その線引きが凄く難しい。一歩間違えると、単なる傲慢な行為にも受け取られかねませんから。

天龍プロジェクトでは、父がいろいろなことをグッと堪えないといけない場面もあったでしょうし、本当に情けない思いもたくさんさせちゃったと思います。本当にこの5年間は、いろいろな勉強をさせていただきました。

今後は……やはり私の中で父と一緒にバージンロードを歩きたいという夢はあります。父は絶対に泣くと思いますよ。絶対に泣く！　もし泣かなかったら？　いや、泣かせてみせますし、「泣くまで待とう天龍源一郎」です。

それはともかく、プロレスを辞めてからの生活はまったく予測が立ちません。とりあえず父は燃え尽きてしまい、打ち上げやら何やらで二日酔いにはなっていそうですが……。もう父に関しては普通でいい。いつもと一緒の父でいいです。ただ、もう試合はしないというだけで。

**天龍**　2人して、俺のことをどうのこうのと言ってくれているみたいですが、俺に言わせれば、女房のまき代のほうが自分よりもずっと豪快で「男前」な性格をしていましたよ。

別に自慢ではないんですが、全日本時代のちょっとファイトマネーが上がってきた頃に、「俺もそろそろ車が欲しいな」と口にしたことがあったんです。それまでは女房が京都から持ってきたトヨタのチェイサーを借りて乗っていました。

すると、いつの間にやらメルセデス・ベンツ社の人と交渉していた様子で、「○月×日に車が届くからね」と言われ、俺が欲しかったベンツのクーペ300CEが家に届けられたんです。おそらく、俺が家の中で「ジャンボはベンツに乗っていてさ」みたいな話をしていたのを憶えていたんでしょう。

SWSに移った頃は、「どっちみち、乗るんだったら一番いいヤツに乗りなよ!」と、ベンツの560SELという当時の最高峰と呼ばれた車が届いたこともありました。全部、まき代が俺には内緒で決めていたんです。

WAR時代の新日本プロレスと闘って頑張っていた頃には、「これ、お父さんの誕生日プレゼントだよ」と、いきなりロレックスの数百万する高級腕時計をプレゼントされたこともありました。もちろん俺としては嬉しいわけですが、WARの経営もありましたから、「こんなの買って本当に大丈夫なの?」と思わず聞いてしまいましたよ(笑)。当時は嬉しくて、喜んで腕にハメて歩いていましたね。

俺もよく金銭感覚がぶっ飛んでいるなどと言われますが、さらにその上を行くのが女房のまき代なんです。紋奈には、くれぐれも真似しないで欲しいものですね(笑)。結婚してもう33年が過ぎますが、今でも俺は「天龍源一郎の嫁は、世界中でまき代にしか務まらない」と思っていますよ。

**まき代**　天龍源一郎は世界一のプロレスラーです。でも、世界一悪い夫であり、世界一悪い父親です(笑)。

ただ、理由はよく分かりませんが、あの人は私のことが大好きみたいですね(笑)。

# あとがきにかえて――嶋田家のこれから

山口雅史＝聞き手　若林隆英＝撮影

**山口**　今回、本書の編集を担当させていただいたんですが、最後は嶋田家の座談会という形で締めたいと思います。まずは一家の歴史を改めて振り返ってみて、どういう感想を抱かれましたか？

**天龍**　一言で言うと、最初の頃は俺が家長だからと偉そうに金さえ稼いでくれれば、家のことはすべて女房が守ってくれるという感じでしたけど、全日本プロレスを辞めた頃からバッシングとかいろいろなことがあって、その中で「ああ、俺の身近にいるのは、やはり家族しかいないんだな」と、だんだんそういう気持ちのほうに寄っていくようになったというのが正直なところですね。あのときから、夫婦で話し合うようになったんですよ。本当に腹のうちから喋れるのは女房しかいないんだなと、そこからちょっと変わってきましたね。娘も大きくなってオヤジの商売や俺と女房がどういうふうに嶋田家を支えてきたのかを理解できるようになって、自分でこういう仕事もできるようになりましたから、俺にとって嶋田家というのはすべてをやっていく上での拠り所だったと。だから、何があっても「ここが」という拠り所があったから、今まで乗り切れた、乗り越えられたと思っていますよ。

**まき代**　凄い家族ですよね、本になるくらいですから(笑)。しかも、この世に2つとない人生のストーリーなので。でも、今振り返ると「大変だったんだな」とは思いますけど、そのときは全然そんなことも感じず一生懸命頑張って生きてきたなと。ただ、ありがたいことに家族がそんなに仲が悪くなかったので、それだけは良かったかな。

**紋奈**　天龍源一郎がリングを降りる、これから父の命の危険がなくなるというタイミングに、過去を振り返ることで「今までこれだけのことがあったんだな」と家族で認識して、「じゃあ、今後はどうやって家族3人で生きていくの？」ということを振り返られる、いい機会だったのかなと思います。天龍プロジェクトは畳むことになりますが、私はこれからも天龍源一郎が携わる仕事に関しては続けていくつもりですから、父との関係は変わらないんですよ。これから先も大将が少しでも嫌な思いをせずに気持ち良く仕事ができたらいいな、というスタンスも変えませんし。

**まき代**　天龍がレスラーだという部分だけがなくなって、それ以外はこれからも同じですよ。

**山口**　その言葉通り、引退試合を終えた瞬間から天龍さんはプロレスラーではなくなるわけですが、どのような生活を送ることになりそうですか？

**紋奈**　とりあえず、土日は競馬でしょ（笑）。

**まき代**　だから、土日はなるべく仕事を入れないように（笑）。

**紋奈**　他に週3でサウナ、週1でタンニング（日焼け）、週2でランニング…みたいな感じでしょうか（笑）。

**山口**　天龍さんは奥さんと過ごす時間を作りたいというのが、辞める理由のひとつですよね？

**天龍**　今までは試合の前の高揚感でつらくあたったり、極端な言い方をすれば、彼女たちは家の中で嫌な天龍源一郎しか見ていない部分もあるわけですからね。それがプロレスを辞めて、普通のオッサンになれるという。

**まき代**　絶対に嘘（笑）。

**天龍**　それになれたら一番嬉しいなと思います。テレビで観る泉谷しげるが基準のオッサンですよ（笑）。俺は物事は後ろ向きに考えない、いろんなことに興味を示すとか、そういうのは女房から教えられましたよ。俺は本当に結婚してから変わりましたね。これだけは感謝してます。

**まき代**　変わらなかったときの今現在を考えると、恐ろしいですけどね（笑）。

**天龍**　俺が変えさせられたから、彼女はまだ我慢できたんだと思いますよ。変わっていなかったら、たぶん尻尾を巻いて逃げていたでしょうね（笑）。

**山口**　まき代さんは、逆に天龍さんから影響を受けた部分はありますか？

**まき代**　そうだなあ……一番は努力家のところ。表には出ないけど、本当に誰よりも練習したし、一見メチャクチャ遊んでいるようで、やることはビシッとやっていた人ですよ。この人は自分には厳しい。でも、他人には超甘い。そういうイメージを私は持っているんですけどね。

**山口**　ところで、今の嶋田家は女性中心の家庭のようにも見えますが……。

**天龍**　昔は俺が右と言ったら全員が右じゃないと気が済まない性格でしたけど、今は変わってきましたね。俺が年をとったのか……この2人の言うことが正論のときが多くなりました。結局、彼女たちのほうが世間を知ってるんですよ。俺はプロレス村しか知らないから、そのことに固執している俺がいて、「老いては子に従え」じゃないですけど、彼女たちの言うことを聞いて、「ああ、そうなんだ」と自分が少し利口になったような気がして（笑）。俺は外に出ないときは全然出ないですから、彼女たちが外に出て情報を仕入れてきて、ああだこうだ言っているのを聞いてる感じになってきましたね。

**紋奈**　基本、女2人がワーワー言っていて、大将も興味がある話だと入ってくる感じです。興味のない話は「ああ、うん」ぐらいで、「そうだよ！」と始まると、「ああ、興味のある話なんだ」と思って無意識に家族で広げようとするんですよ。

**天龍**　やっぱりレスラーたちの悪口が一番広がりますよ（笑）。

**山口**　娘さんも同じ業界にいると、そういう話もできるということもあり、他の親子と比べて距離は縮まるんじゃないですか？

**天龍**　そこは良し悪しです。この仕事をしていることで、男と話をしているように「うるさいんだよ！」と突き放すこともありますからね。難しい部分がありますよ。彼女にしても、「天龍の娘だからって偉そうな顔しやがって！」というのは当然付いてまわることですから。

**紋奈**　しこたま言われていますね（笑）。

**天龍**　彼女は彼女で相手が親だからとズケズケ言ってくることもありますし、それを後になって「ああ、こういうことを言ってるんだな」と理解しようとする俺が怖い（笑）。前だったら、「ふざけんな、この野郎！」で終わりなのに。

**まき代**　そうなると、周りはシュンで終わりですから（笑）。でも、今はそこにまだ食いついていく紋奈がいますからね。それも家族だからできたという部分が大きいですよ。

**山口**　引退された後、天龍さんとプロレス界の関係はどうなりますか？

**まき代**　プロレスが嫌いで辞めるわけではないですからね。テレビでも観るでしょうし。

**紋奈**　たぶん「最近どうなの、プロレス界は？」と1年に100回ぐらい聞いてくると思います。気になってしょうがないはずですよ。自分がプロレス界を引っ張ってきたという認識も持っているでしょうから。

**天龍**　いや、俺は気にならないよ。

**まき代**　ホント？　たとえばプロレスの解説のお仕事が来たら、こんな得意なことはないわけですからね。勉強する必要もないし（笑）。

**天龍**　発声練習をしなきゃいけないじゃない？

**まき代**　聞き取りにくいから、画面に全部テロップを入れるという形にしてもらって（笑）。

**天龍**　もしそんな話が来たら、にわか勉強はするだろうけど、それ以外で俺は気にならないね。

**まき代**　でも、前に相撲の解説をお願いされたときはウキウキして行っていましたよ（笑）。レスラー生活は終わりますけど、プロレスでも相撲でも好きなことに少しでも携わっていけるのならラッキーでしょうね。

**山口**　天龍さん自身は、何か経験してみたいお仕事はあるんですか？

**天龍**　いや、本当に具体的に何もないんですよ。

**紋奈**　でも、何もやらなかったら、たぶん凄い悩んじゃうと思うんです。

**天龍**　何も仕事がないということは、何のポジションもないということですから、たぶんいつもの俺のクセで「何なんだよ、天龍源一郎は！」と始まって、家族が一番迷惑をこうむると思いますよ。

**まき代**　でも、仕事をたくさん入れると、「なんでこんなに入れるんだよ」と怒るし（笑）。

**紋奈**　「疲れた！」ってね（笑）。そのさじ加減を上手にやっていかないと、大将は「俺って何なんだろう？」と思っちゃうんですよ。ただ、家族を養うためだけに働くのも嫌だし。

**まき代**　でも、私は「俺って何なんだ？」というのは一番必要ない言葉だと思うんですよね。

**天龍**　でも、俺はせいせいしていますよ。「もう練習しなくていい」とかね。「レスラーでいる限りは、これをやっちゃダメだ」と自制していたこともあるから、それがないだけ気楽ですよ。

**山口**　13歳で大相撲の世界に入って以来、52年ぶりに身体を鍛えなくていいという環境に身を置くことになるわけですからね。

**天龍**　前は3日もジムに行っていないと、「行かなきゃ！」と焦る自分がいたんですよ。

**まき代**　3日も行かなかったことなんて、1回もないでしょ？　たぶん、本人はサボっているような気になるんでしょうね。

**天龍**　まあ、小遣い稼ぎで新聞配達でもやりますよ。

**紋奈**　大将は朝早いのは大丈夫ですから（笑）。

**天龍**　新聞を配りながら、ややこしい奴が住んでいないか隣近所をチェックして歩きますよ。

**まき代**　ウチがややこしいって周りに言われるわよ（笑）。

**紋奈**　「最近、早朝に怪しい人がいる」って（笑）。

**山口**　これからの嶋田家のテーマとしては、紋奈さんの結婚というのもありますね。

**まき代**　この本で募集してもらえませんかね（笑）。

**天龍**　俺が一番願うのは、その人が彼女のことを好きで、彼女も旦那のことが好きだったら、別に誰でも構わないですよ。これは前から言っていることで。

**まき代**　ちゃんとお仕事をしているのなら、私はどんな人でも。

**紋奈**　大将は凄く厳しそうに見えますけど、彼氏を連れてこようが「お前がいいなら、いいよ」というタイプで、逆に母はブツクサ言うんです。

**天龍**　仕事をちゃんと持っているかどうか、というのをこだわるんですよ。

**紋奈**　女だから、心配なんじゃないですかね。「幸せになれないわよ」みたいな。大将は「それもまた紋奈の人生だよ」というタイプなんですよ。

**山口**　紋奈さんからすると、やはり天龍さんとまき代さんのような夫婦が理想なんですか？

**紋奈**　この感じが理想というと、ちょっと語弊があるんですよ（笑）。ただ、お嫁さんが旦那さんを大事にするというのと……。

**まき代**　子どもをほったらかしてね（笑）。

**紋奈**　旦那さんが一生懸命働けるための環境作りに尽くすという嫁で自分もありたいなと思いますし、旦那さんは嫁がやってくれていることにちゃんと応えられる地位まで行ける男であって欲しいなと。でも、家庭の中がシーンと静まりかえっていたり、神経質な問題を抱えなきゃいけないような形にはなりたくないですね。私は女だからマキちゃんの役割なんですが、性格は大将と一緒なので、一番ややこしい家庭を作り出しそうです（笑）。

**山口**　天龍さんは子育てはまき代さんに任せきりだったようですが、もしお孫さんが生まれたら、どうなりますかね？

**まき代**　逆に一生懸命やると思いますね。オムツは替えないにしても、一緒に遊んだりとか。

**天龍**　杖の代わりに、ベビーカーを押したりね（笑）。

**紋奈**　「これが支えになっていいんだよ」って（笑）。まあ、可愛がってはくれそうですね。

**天龍**　俺、昔は子どもって大嫌いだったんです。自分の子どもが生まれて、妙な責任感が芽生えたのは確かですよ。

**紋奈**　私は5歳ぐらいまでは可愛かったから。

**まき代**　4歳ぐらいまでじゃないの（笑）。

**山口**　ちょっと短くなりましたね（笑）。

**紋奈**　しかも母から烙印を押されるという（笑）。でも、私が小さい頃、大将は肩車でも何でもしてくれて。

**まき代**　全日本プロレスの道場に一緒に行っていたのも、要は子守りですからね。

**紋奈**　大将は常に家にいなくて、破天荒のように思われていますよね。まあ、確かに機嫌の悪いときとかピリリとする家庭でしたけど、絶妙に私と2人だけの時間を作ろうとしてくれたりというのは凄くあったような気がします。

**まき代**　ただ、この人だけがそうじゃなくて、天龍の世代はみんな家庭を顧みずに仕事を一生懸命やって、奥さんが家の中を切り盛りするのが普通なので罪悪感を持つ必要はないんですよ。今のお父さんは子どもの運動会があったら会社を休んで、ビデオを撮ったりしますよね。それと比べて、「自分はやってやれなかったな」と罪悪感を持たなきゃいけないような空気がありますけど、この人も朝一番の新幹線に乗って地方から運動会に来たこともあるんですよ。

**紋奈**　だから、嬉しいこともたくさんしてくれていますよ。

**まき代**　みんなでディズニーランドに行ったことがないとか、そういうのはありますけどね。

**紋奈**　私はどこに連れて行って欲しかったというのはないんですけど、「父親が子どもを遊園地に連れて行ったことがない家庭って世の中に存在しないんじゃないか？」ぐらいに思っているので（笑）。

**まき代**　1回だけ行ってない？　サファリパークに？

**紋奈**　富士サファリパークは行ったけど、動物がいるところをベンツで走っただけで（笑）。あまりアクティビティーをしない家庭なんですよ。

**山口**　確かに天龍さんは有名人なので、観光スポットなどには行きづらかったでしょうね。

**まき代**　天龍源一郎のイメージもありますしね。周りに「天龍だ」と言われると、「帰るよ」みたいな（笑）。

**天龍**　家族で箱根彫刻の森美術館に行ったときも、「お前ら、行ってこい。俺は車の中で寝てるから」って。彼女たちが戻ってきたら、「終ったの？　じゃあ、帰ろう」と（笑）。

**紋奈**　去年、父と母は京都に住んでいたので「みんなで紅葉を見に行こう」と言っていたのに、大将は途中で「歩くのが面倒くさい」、「車にいるから」と始まって。
**まき代** そうなると、私と紋奈は駆け足なんです。「早く戻らなきゃ」って（笑）。
**紋奈** これからはそういうことを気にせず、家族で楽しめたらいいなと。
**天龍** だから、常に俺のことを第一優先で考えてくれていたんだなと思うわけですよ。
**紋奈** でも、私たちはそれが当たり前なんです。そこで大将を待たせたくないというのが私たちの本意ですから。でも、見たいという欲望もあるから、「じゃあ、駆け足ならいいんじゃない？」と。2つの欲望がマッチするところが駆け足で紅葉を見るという。
**まき代** 落ち葉が地面まで落ちないぐらいの速さでね（笑）。
**紋奈** 別に風情がなくてもいいんですよ。
**山口** やはり天龍さんが引退されても、家族像や皆さんの立ち位置は変わらずですか？
**まき代** この人自身が変わらないと思いますよ。嶋田源一郎に戻ると言っていますけど。
**紋奈** それは絶対にないです！
**まき代** 言葉では言っていても、たぶん99・9％ないと思います。
**山口** 全否定ですね（笑）。
**まき代** いやいや、そうじゃないとダメだと思います。
**紋奈** そうそう、リングを降りても天龍源一郎として胸を張っていてもらえるように、「俺って何なんだ？」と思わないでいてもらえるようにするのもまた家族の仕事ですし、私が父の仕事をやっていく上での課題だと思うんですよね。もし仕事でプロレスラーに会えば、「最近どう

だ？」みたいな話になって大将も機嫌が良くなるでしょうし、逆に芸能の仕事をして「やっぱり向いてないな」と思うかもしれないし。

**まき代**　3回に1回、そういうことを言っていますけど（笑）。

**紋奈**　そこのスタンスは変えないで欲しいなと。

**山口**　女性陣はそうおっしゃっていますが、天龍さんは？

**天龍**　う〜ん…………。

**まき代**　喋らなくなった（笑）。

**天龍**　難しいねぇ……。

**まき代**　プロレスを辞めたからといって、何も変わる必要はないんですよ！

## てんりゅう・げんいちろう

本名・嶋田源一郎。1950年2月2日、福井県勝山市出身。身長189cm、体重117kg。63年12月に大相撲の二所ノ関部屋に入門。最高位は前頭筆頭。76年10月15日に全日本プロレス入団を発表し、同年11月13日、テキサス州ヘレフォードにおけるテッド・デビアス戦でデビューした。90年に全日本を離脱後、SWS、WAR、WJプロレス、ハッスルなどを経て、2010年に天龍プロジェクトを旗揚げ。15年11月15日の両国国技館大会『革命終焉 Revolution FINAL』を最後にリングを降りる。

## しまだ・まきよ

旧姓・武井。1956年12月26日、福岡県北九州市出身。82年9月26日に天龍源一郎と結婚。天龍が92年7月に旗揚げしたWARでは経理・グッズ担当として団体を支え、天龍がフリーランスとして活動していた時期はマネージメント業務をこなした。

## しまだ・あやな

1983年7月8日、東京都港区出身。中学時代にはWARの巡業に帯同し、リング設営・音響・グッズ販売などを担当。2010年4月に旗揚げした天龍プロジェクトでは代表を務め、父をサポートした。

G SPIRITS BOOK Vol.5

# 革命終焉

2015年11月1日　初版発行

著　者｜天龍源一郎／嶋田まき代／嶋田紋奈
編集人｜佐々木賢之
発行人｜廣瀬和二
発行所｜辰巳出版株式会社
〒160-0022 東京都新宿区新宿2-15-14 辰巳ビル
TEL：03-5360-8064（販売部）
TEL：03-5360-8977（編集部）
http://www.tg-net.co.jp/
印刷所｜大日本印刷株式会社


ISBN 978-4-7778-1589-0